KB200675

마음의 길

마음의 길

지은이 | 헨리 나우웬
옮긴이 | 윤종석
초판 발행 | 2015. 12. 14.
10쇄 발행 | 2025. 3. 28.
등록번호 | 제1988-000080호
등록된 곳 | 서울특별시 용산구 서빙고로65길 38
발행처 | 사단법인 두란노서원
영업부 | 02)2078-3333 FAX | 080-749-3705
출판부 | 02)2078-3330

책값은 뒤표지에 있습니다.
ISBN 978-89-531-2413-4 03230

독자의 의견을 기다립니다.
tpress@duranno.com www.duranno.com

두란노서원은 바울 사도가 3차 전도 여행 때 에베소에서 성령 받은 제자들을 따로 세워 하나님의
말씀으로 양육하던 장소입니다. 사도행전 19장 8-20절의 정신에 따라 첫째 목회자를 돕는 사역과
평신도를 훈련시키는 사역, 둘째 세계선교TM와 문서선교단행본·잡지 사역, 셋째 예수문화 및 경배와
찬양 사역, 그리고 가정·상담 사역 등을 감당하고 있습니다. 1980년 12월 22일에 창립된 두란노서
원은 주님 오실 때까지 이 사역들을 계속할 것입니다.

마음의 길

헨리 나우웬 지음

윤종석 옮김

두란노

추천의 글

사람은 누구나 행복을 원한다. 그런데 행복에 대한 강박적 집착은 오히려 불안감을 증폭시킬 뿐이다. 욕망과 현실 사이의 거리는 좀처럼 좁혀지지 않고 우리 영혼은 점점 묵정밭으로 변하고 있다. 뭔가 속아 살고 있는 것은 아닐까?

길이 보이지 않을 때는 잠시 그 자리에 멈춰 서서 걸어온 길을 돌아보고 가야 할 길을 가늠해 볼 필요가 있다. 근본을 성찰해야 한다는 말이다.

어떻게 살아야 할까? 저자는 사막 교부들의 영성의 핵심인 '고독'과 '침묵'과 '기도'를 회복하라고 말한다. 그것은 참된 나와 만나는 길인 동시에 우리 속에 감춰진 가장 큰 생명과 만나는 길이기도 하다. 저자의 친절한 안내를 받으며 그 세계를 거니는 독자들이 하늘의 빛과 만나는 기쁨을 누리면 좋겠다.

김기석 _청파교회 담임목사

《마음의 길》은 내 삶과 사역에 실제적인 많은 변화를 가져다준 책이다. 이 책에서 나우웬은 그리스도의 빛으로 주변 세상의 어두움을 비추려는 사람이라면 누구나 쉽게 읽고 이해할 수 있도록 사막 교부들의 영성을 풀어내고 있다. 이 작은 책에서 나 역시 큰 도움을 받았으며, 특히 그리스도 안에서 자유롭게 사역하지 못하도록 방해하던 세속의 사회적 틀을 벗어던질 수 있었다.

고독은 회심의 장소다. 그런 의미에서 고독이 "변화의 도가니"라는 나우웬의 표현은 참으로 적절하다. 나는 하나님과 단둘이 있기 위해 그분의 임재 속으로 들어갈 때 하나님을 내 정체성의 유일한 근원으로 고백할 수 있다는 사실을 발견했다. 고독의 시간을 통해 나는 목회의 근간인 긍휼의 마음을 받았다.

이 책을 통해 나는 침묵이 말이 없는 상태라기보다 하나님 말씀이 있는 집이라는 것, 텅 빈 상태가 아니라 오히려 충만한 상태라는 것을 배웠다. 나우웬은 소음으로 가득한 이 세상에 귀를 닫고, 말씀이신 예수님께 귀를 열어 그분의 말씀을 받아들이라고 촉구한다.

기도해야 내 설교에서 그분의 임재가 드러날 수 있다는 사실을 더 분명하게 깨닫게 되었고, 묵상과 기도 생활이 새롭게 달라졌다. 또 나는 중보자로서 하나님의 마음속으로 더 깊이 들어갈 수 있었다. 이 책을 읽는 사람마다 고독과 침묵, 기도 훈련 속에서 개인 삶이 견고하게 세워지는 경험을 하게 될 것이다.

오대원 _한국 예수전도단 설립자

차 례

기   도

하나님의 영광을 위함인지
내 영광을 위함인지 분별하는 것

감사의 말

이 책은 사막의 영성을 주제로 한 예일대학교 신학부의 세미나에서 영감을 얻어 쓴 것이다. 여태껏 내가 참여한 세미나 중에서 가장 흥미로운 세미나였다.

5명의 여성과 11명의 남성이 참석했는데, 사도 교회, 침례교, 장로교, 화란 개혁교회, 기독 개혁교회, 성공회, 천주교, 그리스 정교회 등 각자 소속된 신앙 전통이 아주 다양했다. 연령대는 20대 초반부터 40대 후반까지였고, 출신 국가도 미국, 아일랜드, 네덜란드, 호주 등으로 달랐다.

우리는 함께 4세기 사막 교부들(the Desert Fathers and Mothers)이 21세기에 예수 그리스도의 사역자가 되려는 이들에게 말해 주려는 게 무엇인지 찾아내고자 머리를 맞댔다.

사막의 이야기에 대한 서로의 생각과 경험을 주고받으면서 우리가 점차 깨달은 '마음의 길'은 많은 역사적, 신학적, 심리적 차이에도 불구하고 우리를 하나로 묶어 주었다. 이 깨달음에 힘입어 나는 댈러스의 퍼킨스신학교에서 열린 강연과 덴버의 전국목회상담자총회에서 이 글을 발표했다. 무척 감사하게도 두 강연에서 모두 뜨거운 반응이 나왔다.

비서로 도와준 버지니아 요히와 캐럴 플랜팅가, 편집에 관한 고견을 들려 준 스티븐 리히와 필 제이더와 프레드 브래트먼과 로버트 모어, 격려를 베풀어 준 요한 에우데스 밤베르그에게 특별히 감사의 말을 전한다.

아울러 조지 아나스토스, 킴 브라운, 콜먼 쿡, 수잔 가이슬러, 프랭크 게리, 크리스틴 쾨스츠벨트, 조셉 누네즈, 로버트 파렌토, 도널드 포스티마, 캐시 스탁턴, 마조리 톰슨, 스티븐 시클리스, 조슈아 우튼, 미치 제만 등 세미나에 참여한 이들에게도 깊은 감사를 표하고 싶다.

참가자들이 아주 풍성하고 다양한 반응을 보여 준 덕분에 이 책은 하나님나라 사역에 헌신한 모든 이를 위한 책이 될 수 있었다.

나와 함께 강의를 맡았던 존 모개브개브에게 이 책을 바친다. 존이 세미나와 이 책에 아주 귀하게 기여하기도 했지만, 무엇보다 지난 5년간 예일대학교 신학부에서 함께 일한 그에게 이렇게라도 고마움을 전하고 싶다. 존의 깊은 우정과 지원이 있었기에 그 세월은 내게 하나님의 참된 선물이 되었다.

13

여는 말

앞으로 20년 후면 우리는 기독교 시대가 2000년 고지에 도달한 것을 축하할 것이다(이 책의 원서 초판은 미국에서 1981년에 출간되었다 - 편집자). 하지만 의문이 있다. 정말 축하할 거리가 있을까? 인류가 과연 자체의 파괴력을 이겨내고 살아남을 수 있을지 우려하는 목소리가 많다. 점점 늘어나는 빈곤과 기아, 국내는 물론 국가 간에도 급속도로 확산되는 증오와 폭력, 무서운 핵무기의 개발 등을 생각할 때 우리는 세계가 자멸의 길로 치닫고 있음을 깨닫는다. 사도 요한의 말이 뼈아프게 되살아난다.

참 빛 곧 세상에 와서 각 사람에게 비추는 빛이 있었나니 …… 세상은 그로 말미암아 지은 바 되었

으되 세상이 그를 알지 못하였고 자기 땅에 오매
자기 백성이 영접하지 아니하였으나(요 1:9-11).

시간이 가면 갈수록 어둠은 더 짙어지고, 악의 세력
은 더 노골적으로 활개를 치고, 하나님의 자녀들은 더
혹독한 시험을 받는 것 같다.

지난 몇 년간 나는 이런 상황 속에서 사역자로 살아
간다는 건 어떤 의미인지 고민해 왔다. 어둠 속에 빛을
비춰 주고, '가난한 자에게 복음을 전하고 포로 된 자에
게 자유를, 눈먼 자에게 다시 보게 함을 전파하며 눌린
자를 자유롭게 하고 주의 은혜의 해를 전파하려는'(눅
4:18-19 참조) 제자에게 요구되는 건 무엇일까? 시대의 격
랑과 고뇌 속으로 온전히 들어가 희망의 말을 전하도록
부름받은 제자에게 요구되는 자질은 무엇일까?

시대가 이처럼 무섭고 고통스럽다 보니, 교회와 학
교와 병원과 감옥에서 사역하는 우리 사역자들도 어둠
속에 그리스도의 빛을 비추는 사명을 다하는 데 어려움

을 겪고 있다. 우리 중에는 전반적인 무기력감에 너무 익숙해진 사람들도 많다. 피로나 탈진, 실망이나 원망이나 분노, 또는 권태에 빠진 사람들도 있다. 그런가 하면 계속 열심히 활동하긴 하지만 결국 예수 그리스도의 이름보다 자기 이름으로 살아가는 사람들도 있다.

크게 이상한 일은 아니다. 사역의 부담은 점점 가중되는 데 반해 만족도는 떨어지고 있다. 그런데 어떻게 창의적인 생명력, 하나님 말씀을 향한 열정, 섬기려는 마음, 무기력한 회중을 감화시키려는 의욕 등이 늘 충만하기를 바랄 수 있겠는가? 우리가 양분과 힘을 얻어야 할 곳은 어디인가? 어떻게 하면 우리 자신의 영적 갈급함과 목마름을 채울 수 있겠는가?

그것이 바로 내가 이 책에서 다루려는 주제다. 여기에 소개할 몇 가지 개념과 훈련이 앞으로도 계속 그리스도의 힘찬 증인으로 살아가려는 우리의 노력에 도움이 되기를 바란다. 불성실과 편안한 이기심과 절망에 빠지려는 유혹은 틀림없이 앞으로도 넘쳐날 것이다.

17

그렇다면 이제 우리는 누구의 이야기를 들으러 가야 할까? 자크 엘룰? 윌리엄 스트링펠로나 토머스 머튼? 아니면 테이야르 드 샤르댕? 그들도 다 할 말이 많겠지만 내 관심은 더 원시적인 자료에서 감화를 얻는데 있다. 직접성과 단순성과 구체성으로 조금도 에두름 없이 우리를 이 고뇌의 핵심으로 데려갈 수 있는 그 자료란 바로《사막 교부들의 금언집》(*The Sayings of the Desert Fathers*)이다. 4-5세기에 이집트 사막에 살았던 사막의 교부들은 현대를 살아가는 우리 사역자의 삶에 매우 중요한 관점을 제시한다.

사막의 교부들과 교모들은 새로운 형태의 순교를 모색한 그리스도인들이다. 박해가 끝난 뒤에는 더 이상 피의 증인으로서 그리스도를 따르고 전하는 일은 불가능해졌다. 그러나 박해가 끝났다고 해서 세상이 그리스도의 이상을 받아들이고 행실을 고친 것은 아니었다. 세상은 계속 빛보다 어둠을 좋아했다(요 3:19 참조).

세상이 더 이상 그리스도인을 대적하지 않는다 해

도 그리스도인은 어두운 세상을 대적해야 했다. 사막으로 도피하는 건 세상에 동조하려는 유혹에서 벗어나는 길이었다. 그리하여 안토니우스, 아가톤, 마카리우스, 푀멘, 테오도라, 사라, 신클레티카 등은 사막에서 영성 지도자가 되었다. 악의 파괴력에 맞서 예수 그리스도의 구원의 능력을 증언하는 새로운 순교자가 된 것이다.

우리 시대 사역자의 영적 삶에 대한 내 고찰은 그들이 남긴 영적 가르침, 방문자에게 들려준 조언, 아주 구체적인 금욕의 실천 등에 기초한 것이다. 사막의 교부들과 교모들처럼 우리도 바울의 다음 권고에 대한 실제적이고 실행 가능한 반응을 모색해야 한다. "너희는 이 세대를 본받지 말고 오직 마음을 새롭게 함으로 변화를 받아 하나님의 선하시고 기뻐하시고 온전하신 뜻이 무엇인지 분별하도록 하라"(롬 12:2).

내 생각을 구축하는 데 큰 도움이 된 교부 아르세니우스에 대한 일화를 하나 소개하겠다. 원로원급의 고등 교육을 받은 로마인인 그는 두 왕자 아르카디우스와 호

노리우스의 후견인으로서 테오도시우스 황제의 궁전에 살았다.

> 궁전에 살던 중에 교부 아르세니우스는 하나님께 이렇게 기도했다. "주여, 저를 구원의 길로 인도 하소서." 그러자 이런 음성이 들려왔다. '아르세 니우스야, 세상을 벗어나면 구원을 얻을 것이다.' 그는 로마에서 알렉산드리아로 몰래 항해하여 [사막의] 고독한 삶으로 물러난 뒤에 다시 기도했다. "주여, 저를 구원의 길로 인도하소서." 그러자 다 시 음성이 들려왔다. '아르세니우스야, 벗어나라. 침묵하라. 늘 기도하라. 이것이야말로 죄 없는 삶 의 원천이다.'[1]

'벗어나라, 침묵하라, 기도하라'라는 이 세 단어에 사막의 영성이 압축되어 있다. 이는 우리를 세상의 형 상대로 빚지 못하게 세상을 막아내는 세 가지 길이자,

성령 안에서 살아가는 길이다.

　우선 나는 세상을 벗어난다는 의미를 살펴볼 것이다. 여기서 고독의 문제가 제기된다. 둘째로 침묵을 사역자 영성의 필수 요소로 규정할 것이다. 끝으로 늘 기도하라는 소명으로 당신에게 도전하고자 한다.

여는 말

고

독

세상을 구하기 위해
세상에서 벗어나는 것

사막으로 떠난
성 안토니우스

　　고독이 사역에서 차지하는 역할을 이해하는 데에는 '수도자들의 아버지'인 성 안토니우스가 최고의 길잡이다. 안토니우스는 251년경에 이집트 농부의 아들로 태어났다. 열여덟 살 무렵에 교회에서 "가서 네 소유를 팔아 가난한 자들에게 주라 …… 그리고 와서 나를 따르라"(마 19:21)라는 복음서의 말씀을 듣고, 그것이 바로 자신에게 주신 말씀임을 깨달았다.

　　안토니우스는 한동안 동구 밖에서 가난한 노동자로 살다가 사막으로 물러나 20년 동안 완전한 고독 속에

지냈다. 그 기간 동안 그는 지독한 시련을 겪었다. 피상적인 안정의 껍질이 깨지면서 그의 앞에 죄악의 나락이 열렸다. 하지만 안토니우스는 결국 유혹과 시련을 이겨냈다. 자신의 의지력이나 대단한 금욕 때문이 아니라 예수 그리스도의 주권에 무조건 순복했기 때문이다.

안토니우스가 고독에서 나오자 사람들은 그에게서 진정으로 '건강한' 인간의 자질들을 보았다. 사람들은 몸과 마음과 영혼이 온전한 그에게 몰려들어 치유와 위로와 지도를 받았다. 안토니우스는 노년에 더 깊은 고독 속으로 들어가 하나님과의 교제에 완전히 몰입했다. 그러다 356년에 106세의 나이로 세상을 떠났다.

성 아타나시우스가 들려주는 성 안토니우스의 이야기에서 세 가지를 볼 수 있다. 첫째로, 사명감을 가지고 우리의 거짓된 강박적 자아를 예수 그리스도의 새로운 자아로 변화시켜야 한다. 둘째로, 고독이야말로 그런 변화가 이루어지는 도가니다. 끝으로, 진정한 사역은 바로 그 변화된, 또는 회심한 자아로부터 흘러나온

다. 지금부터 성 안토니우스의 삶에서 이 세 가지 측면
을 살펴보면서 우리 사역의 문제점은 물론 기회도 함께
알아보고자 한다.

강박증에 시달리는
이 시대 사역자들

토머스 머튼은 《사막의 지혜》(바오로딸 역간) 서문에
이렇게 썼다.

> [사막의 교부들은] 사회를 …… 사람마다 각자 헤엄
> 쳐서 자기 목숨을 건져야 하는 난파선으로 보았
> 다. …… 그냥 표류하며 사회의 신조와 가치관을
> 수동적으로 수용하는 것은 교부들이 믿기에 재앙
> 이었다.[1]

고독

이런 관점을 따라가면 곧장 문제의 핵심에 가닿는다. 우리 사회는 그리스도의 사랑을 뿜어내는 공동체가 아니라 위험한 지배와 조종의 네트워크다. 자칫 우리는 그 속에 휘말려 영혼을 잃어버리기 쉽다. 근본적인 질문은 이것이다. 예수 그리스도의 사역자인 우리는 어두운 세상의 거센 유혹에 이미 너무 물들어, 자신과 타인의 치명적인 상태를 보지 못하는 건 아닌가? 그리하여 헤엄쳐서 자기 목숨을 건지려는 동기와 힘을 아예 잃고만 건 아닌가?

잠시 우리의 일과를 생각해 보자. 대체로 우리는 아주 바쁘다. 많은 모임에 참석하고, 여러 사람을 방문하고, 수많은 예배를 인도해야 한다. 우리의 달력은 일정으로 꽉 차 있다. 매일, 매주 약속이 넘쳐나고 해마다 계획과 프로젝트가 꼬리를 물고 이어진다. 무엇을 해야 할지 모를 때는 거의 없다.

삶이 워낙 산만하다 보니 우리는 잠시 쉬면서 자기 생각과 말과 행동을 성찰하며 정말 생각하고 말하고 행동할 가치가 있는 것이었는지 따져 보는 일조차 없다. 그냥 자신에게 맡겨진 많은 '당위'와 '의무'에 떠밀려 갈 뿐이다. 우리는 마치 그런 것들이 주님의 복음을 진정 대변하기라도 하는 냥 그렇게 살아간다.

사람들을 교회에 나오게 해야 하고, 청소년들을 즐겁게 해 주어야 하고, 헌금 액수가 점차 늘어야 하고, 무엇보다 모든 사람이 행복해져야 한다. 나아가 교회 지도자나 사회 인사와 사이좋게 지내야 하고, 꽤 다수의 교인들에게 호감이나 적어도 존중을 얻어야 하고, 예정대로 전임이 되거나 청빙이 이루어져야 하고, 충분한 휴가와 봉급으로 편안한 삶도 누려야 한다. 이렇듯 우리는 다른 모든 사람처럼 바빠져서, 바쁜 사람들이 얻는 보상에 만족한다!

이 모든 것은 우리가 끔찍하리만치 세상을 닮아 가는 모습을 보여 준다. 왜 그럴까? 빛의 자녀인 우리가 왜 이리도 쉽게 어둠의 공모자가 되는 것일까? 답은 아주 간단하다. 우리의 정체성과 자아상이 걸린 문제라서 그렇다.

고독

주변의 반응에 의존하며 살아가는 것이 곧 세속성이다. 세속적 자아 내지 거짓 자아는 토머스 머튼의 표현으로는 사회적 강박증이 날조해 낸 자아다. '강박적'이라는 말이야말로 거짓 자아에 가장 잘 어울리는 수식어다. 이는 끊임없이 자꾸 더 인정받으려는 욕구와 맞닿아 있다.

나는 누구인가? 나는 남들의 호감, 칭찬, 감탄, 반감, 미움, 멸시 따위를 받는 존재다. 내가 피아니스트든 사업가든 사역자든 중요한 것은 나를 보는 주변 사람들의 눈이다. 바쁜 게 좋은 거라면 나도 정신없이 바빠야 한다. 돈이 있는 게 진정한 자유의 표시라면 나도 돈을 챙겨야 한다. 아는 사람이 많아야 내 중요도가 입증된다면 나도 필요한 인맥을 쌓아야 한다. 강박증은 실패에 대한 은밀한 두려움으로 나타난다. 그래서 어떻게든 일도 더 많이, 돈도 더 많이, 친구도 더 많이 모아 실패를 막으려고 한다.

바로 이런 강박증이 영적 삶의 두 가지 주된 적인 분

노와 탐욕의 기초가 된다. 이 둘은 세속적인 삶의 내면적 실상이요 세상을 의존할 때 맺히는 초라한 열매다. 분노란 뭔가를 박탈당했을 때 느끼는 충동적 반응이 아니고 무엇이겠는가? 내 자아상이 나에 대한 다른 사람들의 말에 달려 있다면, 분노는 비판적인 말에 대한 지극히 자연스러운 반응이다. 또 내 자아상이 내가 획득할 수 있는 무엇에 달려 있다면, 나의 소원이 무산될 때 탐욕이 불타오른다. 이렇듯 탐욕과 분노는 구속(救贖)받지 못한 세상의 사회적 강박증이 날조해 낸 거짓 자아의 형제자매다.

특히 분노라는 악은 오늘날 사역자들에게서 직업병에 가까워 보인다. 목회자들은 선배 지도자들에게는 이끌어 주는 역할을 제대로 하는 사람이 없다고 화가 나 있고, 교인들에게는 고분고분 따르지 않는다고 화가 나 있다. 교회에 나오지 않는 사람에게는 나오지 않는다고 화가 나 있고, 교회에 나오는 사람에게는 열정이 없다고 화가 나 있다. 죄책감을 들게 하는 가족에게도 화가 나 있고, 기대에 못 미치는 자기 자신에게도 화가 나 있다.

그런데 이 분노는 공공연하고 노골적이고 요란한 게 아니라 부드러운 말과 웃는 얼굴과 공손한 악수 뒤에 숨어 있다. 억압된 이 분노는 독한 원한으로 굳어져 서서히 너그러운 마음을 마비시킨다. 사역을 고역스럽고 무기력하게 만드는 것이 있다면 바로 그리스도의 종들 안에 도사리고 있는 이 음침하고 교활한 분노다.

그래서 안토니우스와 동료 수도자들은 사회의 신조와 가치관을 수동적으로 수용하는 것을 영적 재앙으로 여겼다. 사회의 유혹적인 강박증에서 벗어나기가 그리스도인 개인으로서는 물론이고 교회 자체로서도 얼마나 힘든 일인지 깨달았다. 그래서 그들은 어떻게 반응했던가? 침몰하는 배에서 벗어나려고 몸부림쳐서 자기 목숨을 건졌다. 그 구원의 자리는 바로 '사막'이라는 고독의 자리였다. 지금부터 고독이 그들에게 어떤 역할을 했는지 살펴보기로 하자.

자기만의 광야를
만들어야 한다

"가서 네 소유를 팔아 가난한 자들에게 주라 …… 그
리고 와서 나를 따르라." 예수의 이 말씀을 들었을 때
안토니우스는 그것을 세상의 강박증에서 벗어나라는
부름으로 받아들였다. 그래서 가족을 떠나 동구 밖의
오두막에서 가난하게 살면서 육체노동과 기도에 전념
했다.

　　그러나 머잖아 그는 자신에게 그 이상이 요구됨을 깨
달았다. 안토니우스는 분노와 탐욕이라는 적에 정면으
로 맞서 새로운 존재로 완전히 변화되어야 했다. 이전의

거짓 자아가 죽고 새 자아가 태어나야 했다. 이를 위해
안토니우스는 사막의 완전한 고독 속으로 물러났다.

고독은 변화의 도가니다. 고독이 없으면 우리는 계
속 사회의 피해자가 되어 거짓 자아의 환상에서 헤어나
지 못한다. 예수님도 이 도가니 속에 들어가셨다. 거기
서 그분은 세상의 세 가지 강박증, 즉 현실성("이 돌들로
떡덩이가 되게 하라")과 인기("뛰어내리라")와 권력("이 [천하만
국]을 네게 주리라")으로 시험을 받으셨다. 거기서 예수님
은 하나님을 자기 정체성의 유일한 근원으로 확언하셨
다("주 너의 하나님께 경배하고 다만 그를 섬기라").

고독은 치열한 싸움의 자리이자 위대한 만남의 자
리다. 거기서 우리는 거짓 자아의 강박증에 맞서 싸우
는 한편, 그분 자신을 새 자아의 본질로 내어 주시는 사
랑의 하나님을 만난다.

고독은 가까이 하기엔 어려운 것으로 생각될 수 있
다. 중세 때 추구하던 금욕의 이미지마저 불러일으킬
수 있다. 다행히 루터와 칼뱅이 우리를 거기서 구해 냈

다. 일단 그런 공상을 제대로 떠나보내고 나면, 지금 우리가 다루는 '고독'이라는 주제가 사역과 영성이 서로 만나는 거룩한 자리임을 알게 된다.

고독의 의미를 알려면 먼저 세상의 왜곡된 고독의 개념에서 가면을 벗겨 내야 한다. 우리는 삶에 어느 정도 고독이 필요하다고 서로 말한다. 그러나 정작 우리가 생각하는 건 자신만을 위한 시간과 공간이다. 아무도 귀찮게 하는 사람이 없고, 내 생각에 몰두할 수 있고, 내 신세타령에 빠질 수 있고, 어떤 일이든 내 일을 할 수 있는 자리를 원한다. 우리에게 고독이란 대부분 프라이버시로 통한다. 우리는 누구에게나 프라이버시의 권리가 있다는 애매한 확신에 도달했다. 그래서 고독은 영적 사유재산처럼 되고 우리는 그것을 얻고자 영적 재화의 자유시장에서 경쟁을 벌인다.

그뿐만이 아니다. 우리는 또한 고독을 에너지 재충전 센터나 복싱 경기장의 코너쯤으로 생각한다. 한마디로 우리가 생각하는 고독은 끝없는 경쟁적 삶을 지속하기 위해 새 힘을 얻는 장소다.

그러나 그것은 세례 요한이나 성 안토니우스나 성 베네딕트나 샤를 드 푸코나 떼제 공동체 형제들의 고독은 아니다. 이들에게 고독이란 자기만의 치료처가 아니다. 오히려 고독의 광야는 옛 자아가 죽고 새 자아가 태어나는 변화의 장소요 새 사람이 출현하는 곳이다.

변화를 낳는 이런 고독을 어떻게 하면 더 분명히 이해할 수 있을까? 고독 속에서 벌어지는 싸움과 만남을 더 자세히 설명하자면 다음과 같다.

고독 속에서 나는 모든 디딤돌을 치운다. 친구와 대화하는 일도 없고, 전화도 걸지 않고, 모임에도 나가지 않고, 음악도 듣지 않고, 독서로 마음을 달래지도 않는다. 그저 벌거벗고 무력하고 연약하고 죄 많고 깨지고 빈손인 나 혼자뿐이다. '무'(無)의 상태다. 고독 속에서 직면해야 하는 게 바로 그 무의 상태다. 무란 아주 무서운 것이어서 금방이라도 친구나 업무나 오락으로 달려가고 싶게 한다. 그렇게라도 자신의 무를 잊어버리고

36

스스로 뭔가 대단한 존재라 믿고 싶은 것이다.

문제는 거기서 끝나지 않는다. 고독 속에 머물기로 결단하는 순간, 번잡스런 생각과 산만한 이미지와 어지러운 공상과 불가사의한 연상이 바나나 나무의 원숭이들처럼 내 마음속을 헤집고 돌아다닌다. 분노와 탐욕이 흉측한 얼굴을 드러내기 시작한다. 나는 적들에게 장황한 비난을 늘어놓고, 탐욕스러운 공상 속에 스스로 부유하고 영향력 있고 아주 매력 있는, 또는 가난하고 못생겨서 당장 위로가 필요한 존재로 등장한다. 그렇게 나는 또다시 어두운 무의 심연에서 벗어나 모든 허영 속에 있는 거짓 자아를 되찾으려 한다.

여기서 관건은 고독을 포기하지 않고 계속 골방에 남아 있는 것이다. 모든 유혹의 객들이 문을 두드리다 지쳐 내게서 손을 뗄 때까지 그래야 한다. 그뤼네발트가 그린 "이젠하임 제단화"에 보면 고독 속의 안토니우스를 유혹했던 온갖 귀신의 흉측한 얼굴이 으스스할 정도로 현실감 있게 표현되어 있다.

위험이 현실이기에 이 싸움도 현실이다. 자칫하면 우리는 평생 자신의 실상에 저항하며 변명 속에 살아갈 위험이 있다. 늘 초조하게 애쓰며 자신이 의인이라고 우길 수 있다. 그러나 예수님은 "의인을 부르러 온 것이 아니요 죄인을 부르러"(마 9:13) 오셨다.

바로 그것이 우리의 싸움이다. 우리는 거짓 자아에 대해 죽기 위해 싸운다. 하지만 우리 자신의 힘으로는 도저히 이 싸움에서 이길 수 없다. 자신의 무기로 귀신들과 싸우려는 사람은 바보다.

자신의 두려운 무와 직면할 때 우리는 주 예수 그리스도께 조건 없이 온전히 자신을 내어 드릴 수밖에 없다. 이것이 사막이 가르치는 지혜다. 혼자서는 '죄악의 신비'를 무사히 대면할 수 없다. 그리스도만이 악의 세력을 이기실 수 있다. 그리스도 안에서 그분을 통해서만 우리는 고독의 시련을 견뎌낼 수 있다.

교부 엘리아스는 다음과 같은 예화를 들어 이를 잘 설명했다.

어느 성전에 한 노인이 살고 있었는데 귀신들이 그에게 와서 '여기는 우리 자리니 떠나라'라고 했다. 노인이 "너희 자리는 없다"라고 하자 귀신들은 성전 안의 종려나무 잎을 하나씩 여기저기 흩어 놓았다. 노인은 끝까지 잎을 다시 모았다. 잠시 후에 마귀가 그의 손을 잡고 문 쪽으로 끌어당겼다. 문간에 이른 노인은 다른 손으로 문틀을 꼭 잡고 "예수여, 나를 구해 주소서"라고 부르짖었다. 마귀는 즉시 달아났다.

그런데 노인이 울음을 터뜨렸다. 주께서 '어찌하여 우느냐?'라고 물으시자 그는 "귀신들이 감히 사람을 잡아 이렇게 취급했기 때문입니다"라고 답했다. 그러자 주님은 그에게 '네가 방심했구나. 네가 다시 나를 바라보면, 내가 곁에 있다는 걸 알게 될 것이다'라고 말씀하셨다.[2]

진정한 싸움은 오직 예수 그리스도를 대면하는 위

대한 만남 속에서만 이루어질 수 있다. 그리스도와의 만남은 거짓 자아와 귀신들을 상대로 한 싸움 이전이나 이후나 너머에서 이루어지는 게 아니다. 그 싸움의 한 복판에서 주님은 우리에게 오셔서 이야기 속의 노인에게 하신 것처럼 '네가 다시 나를 바라보면, 내가 곁에 있다는 걸 알게 될 것이다'라고 말씀하신다.

우리가 고독 속에 들어가는 목적은 무엇보다도 우리 주님을 만나 그분과 단둘이 있기 위해서다. 그러므로 고독에서 가장 중요한 일은 자신에게 엄습해 오는 많은 얼굴에 필요 이상으로 주목하는 게 아니라 생각과 마음의 시선을 우리 구주이신 하나님께 고정하는 것이다.

우리는 은혜의 배경 안에서만 자신의 죄를 대면할 수 있다. 치유의 자리에서만 감히 자신의 상처를 내보일 수 있다. 일편단심 그리스도를 바라볼 때에만 집요한 두려움을 떨치고 자신의 실상을 직시할 수 있다. "이제는 내가 사는 것이 아니요 오직 내 안에 그리스도께서 사시는 것"과 그분이 나의 참 자아임을 깨달을 때, 우리의 강박증이 서서히 녹아 없어지면서 하나님 자녀의 자유를 경험할 수 있다. 그럴 때 우리는 과거를 되돌아 보고 웃으며 자신에게 더 이상 분노나 탐욕이 없다는 사실을 깨닫게 된다.

이 모든 걸 우리 일상생활에선 어떻게 적용해야 할까? 비록 수도원의 삶으로 부름받지 않았거나 혹독한 사막을 체질적으로 견딜 수 없다 해도, 우리는 각자 고독을 가꿀 책임이 있다. 세속의 환경에는 영적 훈련이 거의 없기 때문에 우리 스스로 훈련을 개발해야 한다. 사실 우리는 날마다 조용히 물러나 강박관념을 떨쳐 버리고 주님의 온유한 치유의 임재 안에 머물 수 있는 자기만의 광야를 만들어야 한다.

그런 광야가 없으면 다른 사람들에게 복음을 전하다가 우리 자신의 영혼을 잃게 된다. 반대로 그런 영적 거처가 있으면 우리는 그분의 이름으로 하는 사역 가운데 점점 그분을 닮아 간다.

가장 먼저 해야 할 일은 하나님과 단둘이 보낼 시간

고독

과 장소를 떼어 놓는 것이다. 이런 고독 훈련의 구체적 형태는 개인의 성격, 사역의 직무, 주변 환경 등에 따라 사람마다 다를 것이다. 그러나 진정한 훈련은 결코 모호하거나 막연하지 않고 일상생활만큼이나 구체적이고 명확하다.

몇 년 전에 콜카타의 테레사 수녀를 방문했을 때 사제로서의 소명에 충실할 수 있는 길을 물었더니 그녀는 간단히 이렇게 대답했다. "하루 한 시간씩 주님을 사모하며 보내고, 잘못인 줄 아는 일을 일절 하지 않는다면 전혀 문제없을 것입니다."

어린 자녀를 둔 기혼자나 더 큰 공동체에서 생활하는 사람이 물었다면 그녀의 답이 달랐을지도 모른다. 그러나 예수님의 모든 위대한 제자들처럼 테레사 수녀가 새삼 확언해 준 진리가 있다. 사역은 주님과의 직접적이고 친밀한 만남으로부터 비롯되어야만 열매를 맺을 수 있다. 그래서 요한일서의 첫마디는 예나 지금이나 똑같이 울림을 준다. "태초부터 있는 생명의 말씀에

관하여는 우리가 들은 바요 눈으로 본 바요 자세히 보고 우리의 손으로 만진 바라"(요일 1:1).

이렇듯 고독은 정화와 변화의 자리고, 처절한 씨름과 위대한 만남의 자리다. 고독은 단지 목적을 위한 수단이 아니라 그 자체가 목적이다. 고독의 자리에서 그리스도는 우리를 자신의 형상대로 다시 빚으시고, 세상의 해로운 강박증으로부터 해방시키신다.

고독은 구원의 자리다. 그래서 우리는 이 어두운 세상에서 빛을 찾으려는 모든 사람을 그 자리로 인도하길 원한다. 성 안토니우스는 20년 동안 고립되어 살다가 그 뒤로는 고독을 품고 다니며 모든 찾아오는 이에게 나누었다. 안토니우스를 본 사람들에 따르면 그는 균형 잡히고 온유하고 애정이 넘치는 사람이었다. 어찌나 그리스도를 닮아 하나님의 사랑을 발산했던지 그의 전 존재가 곧 사역이었다.

43

이제부터는 변화된 자아에서 어떻게 긍휼의 사역이 흘러나오는지 설명하고자 한다.

사람들에게
더 가까이 다가가다

칩거의 시절을 보낸 뒤로 안토니우스의 삶에는 풍
성하고 다양한 사역의 복이 임했다. 각계각층의 사람들
이 그를 찾아와 조언을 구했다. 처음에는 고독에 물리
적 고립이 필요했으나 이제는 고독이 그의 마음의 특성
이 되었다. 그의 내적 성향이 된 고독은 지도를 구하는
사람들에게 더는 방해받지 않았다. 신기하게도 그의 고
<u>44</u> 독은 누구든지 초대받아 들어갈 수 있는 무한한 공간이
되었다.

안토니우스의 조언은 솔직담백하고 구체적이었다.

"누군가 그에게 물었다. '어떻게 하면 하나님을 기쁘시게 할 수 있습니까?' 그러자 이 원로는 '내 말을 잘 들으시오. 당신이 누구든 늘 하나님을 바라보시오. 무엇을 하든 성경의 가르침대로 하시오. 어디에 살고 있든 그곳을 쉽게 떠나지 마시오. 이 세 가지 지침을 지키면 구원을 받을 것이오'라고 답했다."[3]

교부 팜보가 "저는 무엇을 해야 합니까?"라고 묻자 이 원로는 "자기 의를 의지하지 말고, 과거의 일로 염려하지 말고, 혀와 배를 다스리시오"라고 말했다.

또 안토니우스가 미래를 꿰뚫어보며 한 이런 말은 섬뜩할 정도로 지금도 시의적절하다. "때가 되면 사람들이 미칠 것이오. 오히려 미치지 않은 사람을 보면 '너는 미쳤다. 우리와 같지 않다'라며 비난할 것이오."[4]

귀신들과 싸우고 주님을 만난 덕분에 안토니우스는 사람들의 마음과 시대의 풍조를 진단할 줄 알게 되었고, 그 결과 통찰과 위로와 위안을 베풀 수 있었다. 고독을 통해 그는 긍휼의 사람이 되었다.

45

고독

여기서 우리는 사역과 영성이 서로 만나는 지점에 이른다. 바로 긍휼이다. 긍휼은 고독의 열매요 모든 사역의 기초다. 고독 속에 이루어지는 정화와 변화는 긍휼로 나타난다.

긍휼을 품기가 얼마나 어려운지를 과소평가해서는 안 된다. 긍휼이 어려운 이유는 다른 사람들의 연약하고 무력하고 외롭고 깨어진 자리로 함께 가려는 내적 성향이 요구되기 때문이다.

그런데 공감하려는 마음은 고통에 대한 우리의 자연스러운 반응이 아니다. 우리는 무조건 고통을 없애고 싶어서 고통을 피하거나 즉답을 찾는다. 바쁘고 활동적이고 현실적인 사역자답게 제대로 실력을 발휘해서 밥값을 하려 한다. 그러다 보니 우선 뭐라도 해서 내 존재가 변화를 낳음을 보여 주어야 한다. 그래서 가장 큰 선물을 무시하는데, 그것은 바로 고통당하는 이들과 더불어 일체감을 이루는 능력이다.

긍휼의 일체감은 고독 속에서 자란다. 모든 인간사

가 나와 동떨어진 게 아니며 모든 싸움과 전쟁과 불의
와 학대와 증오와 질투와 시기의 뿌리가 바로 내 마음
속에 깊이 뿌리박고 있음을 우리는 고독 속에서 깨닫는
다. 고독 속에서 딱딱한 마음이 부드러운 마음으로, 반
항의 마음이 회개의 마음으로, 닫힌 마음이 모든 고통
당하는 이들에게 일체감을 느끼는 열린 마음으로 바뀔
수 있다.

사막의 교부들에게 고독이 긍휼을 낳는 이유를 묻
는다면 그들은 "고독이 우리를 이웃에 대해 죽게 하기
때문"이라고 말할 것이다. 이 대답은 처음에는 현대인
에게 거북하게 들린다. 그러나 더 자세히 보면, 다른 사
람들을 섬기려면 그들에 대해 죽어야 함을 알 수 있다.
즉 우리의 의미와 가치를 타인의 잣대로 재는 일을 그
만두어야 한다.

이웃에 대해 죽는다는 것은 그들에 대한 판단과 평
가를 멈추고 한껏 긍휼을 품는다는 뜻이다. 긍휼과 판
단은 공존할 수 없다. 판단에서 거리감과 구분이 생겨

47

나기 때문이다. 그 상태로는 진정 타인과 함께 있을 수 없다.

우리의 사역은 다분히 판단으로 뒤덮여 있다. 대체로 무의식중에 우리는 사람들을 매우 양호, 양호, 중간, 불량, 매우 불량으로 구분한다. 이런 판단은 사역자의 생각과 말과 행동에 깊은 영향을 미친다. 부지중에 우리는 자기 충족적인 예언의 함정에 빠진다. 상대를 게으르거나 무관심하거나 적대적이거나 역겹다고 판단한 뒤 정말 그렇게 대해서, 결국 그 사람을 내 기대에 부응하게 만든다. 요컨대 우리의 판단은 덫이 되어 사역 전반에 제약을 가한다. 이렇게 스스로 만들어 낸 제약 때문에 긍휼이 위축되어 우리는 사람들에게 자신을 내 주지 못한다.

"비판을 받지 아니하려거든 비판하지 말라"(마 7:1).
예수님의 이 말씀은 사실 실천하기가 매우 힘들지만, 그 속에 긍휼 사역의 비결이 들어 있다. 사막의 많은 이야기에서 그것을 분명히 볼 수 있다. 성 안토니우스의 제자인 교부 모세는 한 형제에게 이렇게 말했다.

> 이웃에 대해 죽으려면 이렇게 하라. 너 자신의 잘
> 못을 감당할 뿐 다른 누구에게도 간섭하지 말라.
> 상대가 선한지 악한지 고민하지 말라. 아무에게
> 도 해를 입히지 말고, 남에 대해 마음속에 나쁜 생
> 각을 품지 말고, 악을 행하는 사람을 비웃지 말고,
> 이웃에게 나쁜 짓을 하는 사람을 믿지 말고, 이웃
> 을 해치는 사람과 함께 기뻐하지 말라. …… 아무
> 에게도 적대감을 품지 말고, 싫은 감정이 네 마음
> 을 지배하지 못하게 하라.[5]

사막 특유의 생생한 은유로 표현된 다음 말 속에 모
든 것이 압축되어 있다. "자기 집의 시신을 두고 가서
이웃집의 시신을 위해 우는 사람은 어리석다."[6]

고독을 통해 우리는 내 집의 시신을 자각하고 다른
사람의 죄에 대한 비판을 삼가게 된다. 이로써 진정한

용서가 가능해진다. 다음과 같은 사막의 이야기가 그 좋은 예다.

한 형제가 …… 잘못을 저질렀다. 회의가 소집되어 교부 모세도 청함을 받았으나 가지 않았다. 사제가 사람을 보내 "다들 기다리고 있으니 어서 오십시오"라고 말했다. 결국 그는 일어나 새는 조롱박에 물을 채워 들고 갔다. 마중 나온 사람들이 "교부님, 이것이 무엇입니까?"라고 묻자 이 원로는 "내 죄가 뒤에서 줄줄 새고 있는데 내 눈에는 보이지 않소. 그런 내가 오늘 다른 사람의 과실을 심판하러 왔소"라고 말했다. 그 말을 듣고 사람들은 그 형제에게 더 이상 말하지 않고 그를 용서해 주었다.[7]

고독은 스스로 의롭게 여기던 사람을 온유하고 배려 깊고 용서하는 사람으로 바꾸어 놓는다. 그런 사람은 자신의 깊은 죄성을 뼈저리게 절감하고, 하나님의 더 큰 자비를 철저히 깨달아 안다. 그래서 삶 자체가 곧 사역이 된다. 그런 사역에서는 행위와 존재가 거의 구별되지 않는다.

우리도 하나님의 자비로운 임재로 충만해지면 섬기는 일밖에 할 수 없다. 어두운 세상에 오신 빛을 우리의 전 존재가 증언하기 때문이다. 이 긍휼의 사역을 잘 보여 주는 사막의 두 이야기가 있다.

안토니우스의 제자인 교부 암모나스는 고독 속에서 선으로 충만해져 악이 눈에 들어오지 않는 경지에 이르렀다.

그가 주교가 된 후에 어떤 사람이 임신한 소녀를 데려와 "이 못된 죄인이 저지른 일을 보시고 고행에 처하십시오"라고 말했다. 그런데 교부는 소녀의 배를 향해 십자 성호를 그으며 세마포 열두 장을 줄 것을 명했다. 그러면서 "출산 중에 소녀나

아기가 죽을지도 모르는데 그때 수의조차 없을까 봐 걱정돼서 그러오"라고 말했다.

그러자 고발하던 사람들이 "어찌 이러십니까? 벌을 내리십시오"라고 우겼다. 하지만 암모나스는 그들에게 "보시오, 형제들. 소녀가 곧 죽게 생겼는데 나더러 어쩌라는 말이오?"라고 말했다. 그가 소녀를 돌려보내자 더 이상 어떤 노인도 감히 누구를 고발하지 못했다.[8]

궁휼의 사람에게는 다른 사람의 고통이 너무 깊이 느껴져서 그 사람의 죄가 무엇인지 집요하게 생각할 틈이 없다. 두 번째 이야기에서는 궁휼의 사역자가 얼마나 신중하고 세심하기 그지없는지 확연히 볼 수 있다.

하루는 세 노인이 교부 아킬레스를 찾아왔는데 그중 한 노인의 평판이 나빴다. 첫째 노인이 "교부님, 저에게 어망을 만들어 주시오"라고 부탁하자 그는 "그러지 못하겠소"라고 말했다. 이어 둘째 노인이 "불쌍히 보시고 하나 만들어 주시오. 교부님이 주신 기념품으로 간직하겠소"라고 말했다. 역시 아킬레스는 "시간이 없소"라고 답했다. 이번에는 평판이 나쁜 셋째 노인이 "저에게 어망을 만들어 주시오. 교부님의 하사품이 될 것이오"라고 말했다. 그러자 교부 아킬레스는 즉시 "당신에게는 만들어 드리리다"라고 답했다.

나중에 다른 두 노인이 아킬레스에게 따로 물었다. "우리의 부탁은 들어 주지 않으시더니 왜 그에게는 해 주겠다고 약속하신 것이오?" 그러자 아킬레스는 이렇게 대답했다. "당신들은 내가 못하겠다고 해도 실망하지 않았소. 시간이 없어서 그러려니 생각하신 게지요. 하지만 그 사람의 청을 거절했다면 그는 내가 자신의 죄 때문에 그런다고 생각했을 것이고, 그러면 우리의 관계가 깨졌을 것이오. 그래서 그가 슬픔에 잠기지 않도록

53

내가 영혼의 힘을 북돋아 주었던 것이오."[9]

여기 가장 순결한 형태의 사역이 있다. 바로 고독에서 태동한 긍휼의 사역이다. 안토니우스와 그의 제자들이 세상의 강박증을 피해 사막으로 간 이유는 사람들을 멸시해서가 아니라 결국 그들을 능히 구하기 위해서였다. 토머스 머튼은 이 수도자들을 사회의 침몰하는 배에서 익사하지 않으려고 헤엄쳐서 자기 목숨을 건진 사람들로 묘사하면서 이렇게 덧붙였다.

> 그들은 자신이 난파선 주변에 버둥거리고 있는 한 다른 사람들에게 도움을 베풀 힘이 없음을 알았다. 하지만 그들이 일단 마른 땅에 올라서자 상황이 달라졌다. 이제 그들은 온 세상을 안전한 곳으로 끌어올릴 능력뿐 아니라 의무까지 생겼다.[10]

이처럼 고독을 통해 우리는 사람들을 등지는 게 아니다. 오히려 반대로 고독 속에서 긍휼의 사역으로 그들에게 더 가까이 다가간다.

인생의 목표는
하나님

세상은 강박증으로 괴롭히지만 우리는 고독으로 부름받았다. 거기서 자신의 분노와 탐욕에 맞서 싸울 수 있고, 사랑으로 예수 그리스도를 만나 새 자아로 태어날 수 있다. 바로 이 고독 속에서 우리는 긍휼의 사람이 된다. 깨어진 모습으로 온 인류와의 일체감을 깊이 인식하여, 도움이 필요한 사람에게 언제라도 다가갈 수 있게 된다.

인생 황혼기에 안토니우스는 오랜 긍휼의 사역 끝에 다시 고독으로 돌아가 하나님과의 직접적인 교제 속에 완전히 몰입했다. 사막의 한 이야기에 보면 어떤 노인이 교부들을 보게 해달라고 하나님께 기도했다. 하나님이 기도를 들어 주셔서 그 노인은 교부들을 다 보았으나 안토니우스만 볼 수 없었다. "그래서 그가 안내인에게 '안토니우스 교부님은 어디 계십니까?'라고 묻자 안내인은 하나님이 계신 곳에 안토니우스도 있을 것이라고 답했다."[11]

여기서 아주 중요하게 기억해야 할 것은 안토니우스가 하나님께 완전히 몰입된 상태로 생을 마감했다는 사실이다. 우리 인생의 목표는 인간이 아니라 하나님이다. 우리가 구하는 안식은 그분 안에만 있다. 그러므로 우리는 고독으로 돌아가야 한다. 혼자서가 아니라 우리가 사역으로 품는 모든 이와 함께 가야 한다. 우리를 세상 속으로 보내신 주님이 도로 우리를 불러들여 그분과 함께 영원한 교제를 누리게 하실 그날까지 고독의 여정은 계속된다.

——

**침
묵**

단지 입을 다무는 게 아니라
하나님으로부터 말하는 법을 배우는 것

침묵,
행동으로 실천하는 고독

    아르세니우스는 지위와 재물을 버리고 이집트 사막에서 고독하게 살아간 로마의 교육자다. 그가 "주여, 저를 구원의 길로 인도하소서"라고 기도하자 이런 음성이 들려왔다. '침묵하라.' 침묵은 고독을 보강하고 완성한다. 이는 사막의 교부들이 공유한 확신이다. 수도원장 마카리우스에 관한 멋진 일화에서 그 점을 분명히 볼 수 있다.

    한번은 수도원장 마카리우스가 스케테의 교회에

서 형제들에게 축도한 뒤에 "형제들이여, 피하시오"라고 말했다. 한 장로가 "우리는 이미 사막에 와 있는데 어떻게 더 피할 수 있습니까?"라고 되묻자 마카리우스는 자기 입술에 손가락을 대며 "이 입에서 피하시오"라고 답했다. 그 말을 남기고 그는 독방에 들어가 문을 닫아걸었다.[1]

침묵은 고독을 실현하는 길이다. 사막의 교부들은 침묵을 하나님께 이르는 가장 확실한 길로 칭송했다. 아르세니우스는 "나는 말하고 나서 회개한 적은 많아도 침묵한 것을 회개한 적은 없다"라고 말했다.

하루는 대주교 데오빌로가 사막으로 교부 팜보를 찾아왔다. 그런데 교부는 그에게 아무 말이 없었다. 결국 형제들이 팜보에게 "교부님, 대주교님에게 교화의 말씀을 주시지요"라고 권했다. 그러자 교부는 "내 침묵으로 교화를 얻지 못한다면 내 말로도 교화를 얻지 못할 것이오"라고 대답했다.[2]

61

침묵

침묵은 영적 삶에 없어서는 안 될 훈련이다. 야고보는 혀를 "불의의 세계"라 하면서 침묵이란 말의 입에 재갈을 물리는 일과 같다고 했다(약 3:3, 6 참조). 그 뒤로 늘 그리스도인들은 절제의 일환으로 침묵을 실천하려 애썼다.

분명히 침묵은 교육과 공부, 설교와 예배, 심방과 상담 등 많은 상황에서 꼭 필요한 훈련이다. 침묵은 사역의 모든 직무에 유용한 아주 구체적이고 실제적인 훈련이다. 고독의 자리에서 사역의 현장으로 가져갈 수 있는 '휴대용 골방'이라 할 수 있다. 침묵은 행동으로 실천하는 고독이다.

이번 장에서는 우선 세상에 말이 얼마나 무성한지 살펴보고, 이어 이 말 많은 세상에서 침묵이 지니는 위대한 가치를 설명하려 한다. 끝으로 각종 사역에서 침묵이 어떻게 하나님 임재의 표징일 수 있는지 알아볼 것이다.

말 많은 세상,
소통을 상실하다

지난 수십 년간 우리는 말의 홍수에 파묻혀 살아왔다. 소곤대는 말, 크게 선언하는 말, 화가 나서 절규하는 말, 발언하는 말, 낭독하는 말, 노래하는 말, 녹음된 말, 책 속의 말, 담벼락의 말, 창공의 말, 여러 소리의 말, 여러 음색의 말, 여러 형태의 말, 듣는 말, 읽는 말, 보는 말, 스쳐가는 말, 명멸하는 말, 느린 말, 춤추는 말, 비약하는 말, 흔들리는 말 등 어디를 가나 지천에 널린 게 말이다. 그야말로 말, 말, 말의 세상이다! 우리 실존의 바닥과 벽과 천장이 온통 말로 이루어져 있다.

침묵

늘 그랬던 것은 아니다. 불과 얼마 전까지만 해도 라디오와 텔레비전, 정지나 합류 따위의 도로 표지판, 자동차의 범퍼스티커, 가격 인상이나 특별 세일을 알리는 공고문 따위가 없었다. 지금 온 도시를 말로 뒤덮고 있는 광고판도 그때는 없었다.

최근에 나는 로스앤젤레스에서 차를 몰다가 갑자기 거대한 사전 속을 통과하는 듯한 묘한 느낌을 받았다. 어디를 보나 말이 내 시선을 도로에서 떼어 놓으려 했다. 저마다 '날 사용하라. 날 가지라. 날 구입하라. 날 마시라. 내 냄새를 맡으라. 날 만지라. 내게 입 맞추라. 나와 동침하라'고 아우성이었다. 이런 세상에서 말을 계속 존중할 수 있는 사람이 누가 있겠는가?

나를 비롯해 우리의 말은 창의력을 상실했다. 무제한으로 난무하는 말 속에서 우리는 말에 대한 신뢰를 잃었다. 오히려 '말만 저렇게 하는 거지'라는 생각이 들 때가 더 많다.

교사들은 6년, 12년, 18년, 때로 24년 동안 학생들

에게 말하지만, 대개 학생들은 '그건 그냥 말이 그렇다
는 거지'라는 느낌을 안고 학업을 마친다. 설교자들은
한 주도 거르지 않고 매주 설교하지만, 교인들은 변하
지 않으며 '말이 그렇다는 거지'라고 생각할 때가 많다.
정치가와 사업가와 성직자는 시도 때도 없이 연설하고
성명을 발표하지만, 듣는 사람들은 "말만 저렇게 하는
거지. 또다시 주의를 딴 데로 돌리려는 것뿐이야"라고
말한다.

　　그 결과로 말의 주요 기능인 소통이 더는 이루어지
지 않는다. 말은 의사를 전달하거나 교제를 도와주거나
공동체를 만들어 내지 못하며, 더는 생명을 주지도 못
한다. 사람들이 서로 만나 사회를 이루려면 신뢰의 기
반이 필요한데 말은 그 기반을 제공하지 못하고 있다.

　　내가 지금 과장하고 있는 것일까? 잠시 신학 교육
에 초점을 맞추어 보자. 신학 교육의 목표는 마음과 목
숨과 뜻을 다하여 하나님을 사랑하고 이웃을 자기처럼
사랑하라는 지상명령에 더 충실할 수 있도록 우리를 주

65

하나님께 더 가까워지게 하는 것이 아니고 무엇이겠는가?(마 22:37 참조) 신학교와 신학대학원은 하나님과의 교제, 서로간의 교제, 동료 인간과의 교제가 끝없이 깊어지도록 신학생들을 이끌어 주어야 한다. 본래 신학 교육이란 그리스도의 마음을 점점 더 닮아 가도록 우리의 전인을 형성하기 위한 것이다. 그럴 때 우리의 기도와 믿음이 하나가 될 수 있다.

하지만 현실은 어떠한가? 신학을 배우거나 가르치는 우리는 종종 하나님이나 그분과 관련된 이슈에 대한 온갖 복잡한 토론과 변론과 논쟁에 파묻혀 있는 것 같다. 그것이 워낙 심하다 보니 단순히 하나님과 대화하거나 그분 앞에 가만히 있는 일은 사실상 불가능해졌다. 우리의 언어 능력이 향상되어 많은 것을 능히 구별할 수 있게 된 거야 좋지만, 때로는 생명의 말씀이신 그분께 일편단심 헌신하기보다 말이 그 초라한 대용품이 되었다.

신학 교육에 위기가 있다면 그것은 무엇보다도 말

의 위기다. 그렇다고 비판적 지성의 작업과 거기에 요구되는 세미한 구별이 신학 교육에 필요 없다는 말은 아니다. 다만 우리의 말이 더 이상 하나님의 말씀을 대변하지 못한다면, 그 말은 기초를 잃어 영양제 광고에 쓰이는 말만큼이나 사람을 홀리고 오도할 수 있다. 그러나 하나님은 말씀으로 세상을 창조하고 구속(救贖)하신 분이다.

신학 교육의 장이 수도원이던 시절이 있었다. 거기서는 말이 침묵에서 태어났으며, 말이 사람을 다시 침묵 속으로 더 깊이 이끌 수 있었다. 비록 수도원이 더 이상 신학 교육의 가장 보편적인 장은 아니지만 침묵은 과거에 못지않게 오늘날에도 절대적으로 필요하다.

하나님의 말씀은 그분의 영원한 침묵에서 태동하며, 우리가 증언하려는 것도 바로 그 침묵에서 비롯된 말씀이다.

침묵의
신비

침묵은 말의 집이다. 말은 침묵을 통해 힘을 얻고 열
매를 맺는다. 그래서 우리는 말이 침묵의 신비를 드러
내기 위해 존재한다고까지 말할 수 있다. 장자는 이를
다음과 같이 표현했다.

투망의 목적은 물고기를 잡는 것이다. 물고기를
잡고 나면 투망은 잊어버린다. 토끼 덫의 목적은
토끼를 잡는 것이다. 토끼를 잡고 나면 덫은 잊어
버린다. 말의 목적은 생각을 전달하는 것이다. 생

각을 이해하고 나면 말은 잊어버린다. 말을 잊어
버린 사람을 어디서 찾을 수 있을까? 그 사람의
말벗이 되고 싶다. [3]

'말을 잊어버린 사람의 말벗이 되고 싶다.' 이는 사막
의 교부들이 했을 법한 말이다. 교부들에게 말은 지금
이 땅에서의 도구이고 침묵은 하나님나라의 신비다. 말
이 열매를 맺으려면 하나님나라로부터 이 땅의 세상을
향해 말해야 한다. 그래서 사막 교부들은 사막의 침묵
속에 들어가는 일을 하나님나라에 들어가는 첫걸음으
로 보았다. 그들의 말은 그 세계로부터 열매를 맺을 수
있었다. 거기서는 그들의 말이 하나님의 침묵의 능력으
로 충만할 수 있었기 때문이다.

　사막의 교부들이 남긴 금언에서 우리는 침묵의 세
가지 측면을 분간할 수 있다. 침묵이 하나님나라의 신
비라는 핵심 개념이 그 세 가지 모두를 통해 심화되고
강화된다. 첫째로, 침묵은 우리를 순례자가 되게 한다.

69

둘째로, 침묵은 내면의 불을 지켜 준다. 셋째로, 침묵은 우리에게 말하는 법을 가르친다.

계속해서 순례자로 살게 하다

교부 티토에스는 "순례란 사람이 자신의 혀를 다스려야 한다는 뜻이다"라고 말했다. "순례는 곧 침묵이다"라는 말 속에 잘 표현되어 있듯이, 사막의 교부들은 침묵이 하나님나라를 내다보는 최선의 길이라 확신했다.[4]

침묵을 주장하는 가장 흔한 논거는 단순히 말이 죄를 낳는다는 것이다. 그러므로 묵언은 죄를 멀리하는 가장 확실한 길이다. 사도 야고보가 이런 연관성을 명확히 표현했다. "우리가 다 실수가 많으니 만일 말에 실수가 없는 자라면 곧 온전한 사람이라 능히 온몸도 굴레 씌우리라"(약 3:2).

야고보가 의심의 여지없이 밝혔듯이 사람이 말을

하면서 죄를 짓지 않기란 매우 어려우며, 영원한 본향을 향해 가는 여정에서 세상 죄에 물들지 않으려면 침묵이 가장 확실한 길이다. 그래서 침묵은 영적 삶의 핵심 훈련 중 하나가 되었다.

서구 수도원 생활의 아버지인 성 베네딕트는 《베네딕트의 규칙서》(KIATS 역간)에서 침묵을 매우 강조했다. 그는 시편 기자의 말을 인용했다. "나의 행위를 조심하여 내 혀로 범죄하지 아니하리니 …… 내가 내 입에 재갈을 먹이리라"(시 39:1). 성 베네딕트는 형제들에게 악한 말만 금한 게 아니라 선하고 거룩한 교화의 말도 삼갈 것을 명했다. "말이 많으면 허물을 면하기 어"(잠 10:19)렵기 때문이다. 말은 위험하며 자칫 우리를 의로운 길에서 벗어나게 하기 쉽다.

이런 금욕적 가르침의 배후에 깔린 핵심 개념은 이것이다. 말은 우리를 세상사에 끌어들이는데, 그렇게 끌려든 상태에서 세상에 얽매이거나 오염되지 않기란 여간해서 어렵다. 사막의 교부들과 그들의 발자취를 따

71

른 모든 사람은 "모든 대화가 자신을 이 세상에 관여시켜 자신의 마음을 나그네보다 정착민이 되게 하는 경향이 있음을 알았다."[5]

우리에게는 너무 딴 세상 얘기처럼 들릴 수 있으나 적어도 이것만은 인정하자. 대화나 토론이나 친교 모임이나 업무 회의를 마치고 나면 씁쓸한 뒷맛이 남을 때가 얼마나 많은가? 말을 많이 해서 유익하고 좋았던 적은 얼마나 드문가? 우리 말 중 대부분까지는 몰라도 많은 부분은 차라리 입 밖에 내지 않는 게 더 낫지 않은가?

우리는 세상의 온갖 사건에 대해 말하지만, 정작 그런 사건을 더 나은 방향으로 변화시킨 적이 과연 얼마나 되는가? 또 사람들이나 그들의 습성에 대해 말하지만, 과연 얼마나 그 말이 그들이나 우리에게 조금이라도 도움이 되는가? 또 자기 생각과 감정이 마치 만인의 관심사인 냥 말하지만, 정작 정말 이해받는다고 느껴질 때는 얼마나 되는가? 또 하나님과 종교에 대해 열변을

토하지만, 그것이 우리나 타인에게 진정한 통찰을 가져다줄 때가 얼마나 되는가?

흔히 말은 우리 내면에 낭패감을 안겨 준다. 무기력감과 수렁에 빠져드는 느낌을 유발할 수도 있다. 대체로 말은 우리를 약간 우울하게 하거나 안개처럼 생각의 창을 흐려지게 한다. 요컨대 말이 많으면 여정 중에 지나가는 작은 마을에 너무 오래 눌러앉은 느낌, 섬김보다 호기심에 더 끌려 다닌다는 느낌이 들 수 있다.

우리는 순례자이며 다른 사람들을 길동무로 초대하도록 부름받았다. 그런데 말은 종종 그 사실을 망각하게 만든다. 순례는 곧 침묵이다. 침묵 덕분에 우리는 늘 순례자로 남을 수 있다.

내면의 불을 지켜 주다
73

침묵의 두 번째이자 더 긍정적인 의미로, 침묵은 내

면을 불을 간직하게 해 준다. 침묵은 신앙적 정서의 내적 열기를 지켜 준다. 이 내적 열기는 우리 안에 계신 성령의 생명이다. 따라서 침묵이란 우리 안에 있는 하나님의 불을 잘 간수하여 늘 살려 두는 훈련이다.

포티케의 디아도쿠스 주교가 아주 생생한 비유를 들려준다.

한증막의 문을 계속 열어 두면 안의 열기가 금세 빠져나간다. 마찬가지로 영혼도 입이 근질거리면 말이라는 문으로 하나님의 잔상을 다 날려 보낸다. 아무리 선한 말이라도 상관없다. 그러고 나면 지식인은 사고가 충분히 무르익지 않았는데도 아무한테나 혼란스러운 생각을 마구잡이로 쏟아낸다. 지성에 망상이 끼어들지 못하게 막아 주시는 성령을 외면한 결과다.

가치 있는 사고는 늘 다변을 삼가며 혼란이나 망상과 거리가 멀다. 따라서 때에 맞는 침묵은 소

중한 것이다. 침묵이야말로 가장 지혜로운 사고
의 어머니다.[6]

디아도쿠스의 이 말은 무엇이든 털어놓는 것을 최
고의 미덕으로 꼽는 현대의 생활방식에 어긋난다. 이제
우리는 기분과 감정은 물론 영혼의 내적 동요까지도 사
람들에게 나누어야 한다고 믿게 되었다. "털어놓아 주
어 고맙다"든지 "다 털어놓고 나니 후련하다"라는 표현
에서 보듯이 한증막의 문은 거의 항상 열려 있다. 오히
려 사람들은 내면생활을 드러내지 않고 혼자 간직하려
는 사람을 너무 내성적이거나 붙임성이 없거나 그냥 이
상하다며 거북해하는 경향이 있다.

그러나 적어도 이 의문만은 제기하고 넘어가자. 이
렇게 헤프게 털어놓는 일은 미덕이라기보다 강박증이
아닌가? 공동체를 창출하기보다 오히려 우리의 공동생
활을 곧잘 맥 빠지게 하지 않는가? 털어놓는 시간을 마
치고 집으로 돌아갈 때면 뭔가 소중한 것을 빼앗긴 느

낌, 거룩한 땅이 짓밟혀진 느낌이 들 때가 많다. 제임스 해네이는 사막의 교부들이 남긴 금언에 대해 이렇게 말했다.

> 입은 악이 들어가는 문이 아니다. 그런 문은 눈과 귀다. 입은 나가는 문일 뿐이다. 사막의 교부들이 입으로 나갈까 우려했던 것은 무엇일까? 마구간의 문이 열려 있을 때 도둑이 준마를 훔쳐가듯이 누군가가 우리 마음에서 훔쳐갈 수 있는 건 무엇일까? 다름 아닌 신앙적 정서의 힘이다.[7]

그 지켜야 할 것은 곧 우리 안에 계신 성령의 생명이다. 특히 세상에서 성령의 임재를 증언하려는 우리는 내면의 불을 최대한 신중히 간수해야 한다. 많은 사역자가 탈진에 빠지는 것은 이상한 일이 아니다. 그들은 말을 많이 하고 경험을 많이 나누지만, 그 안에 성령의 불이 꺼져 있어 자신의 따분하고 시시한 생각과 감정 외에 별로 나올 게 없다.

때로 우리의 다변은 믿음의 표현이라기보다 오히려 회의의 표현으로 보인다. 마치 사람들의 심령을 만지시는 성령의 능력을 확신하지 못하는 듯하다. 그래서 우리가 많은 말로 그분을 도와 드리려 하고, 사람들에게 그분의 능력을 납득시키려 한다. 하지만 내면의 불은 바로 그 말 많은 불신 때문에 꺼진다.

무엇보다 먼저 할 일은 내면의 불을 충실하게 관리하는 것이다. 그래야 막상 필요할 때 그 불이 길 잃은 나그네들에게 온기와 빛을 발할 수 있다. 이것을 네덜란드의 화가 빈센트 반 고흐보다 더 설득력 있게 표현한 사람은 없다.

우리 영혼 안에 큰 불이 있을 수 있으나 아무도 불을 쬐러 오지 않는다. 지나가는 사람들은 굴뚝에서 나오는 희미한 연기만 보고 제 갈 길로 간다. 이제 어찌할 것인가? 자기 속에 소금을 두고 내면의 불을 간수하며 참을성 있게 기다려야 한다. 얼마나 조바심을 쳐야 누군가가 와서 앉거나 혹 아예 머무를까? 하나님을 믿는 사람은 조만간 올 그때를 기다린다.[8]

고흐의 말 속에 사막 교부들의 마음과 생각이 담겨 있다. 문을 다 열어 두고 싶은 유혹을 그도 알았다. 그러면 지나가는 사람들이 굴뚝에서 나오는 연기만 아니라 불도 볼 수 있다. 하지만 그렇게 되면 불이 꺼져 아무도 온기와 새 힘을 얻지 못하리라는 것도 고흐는 알았다. 그의 생애 자체가 내면의 불에 충실했던 확실한 사례다. 생전에는 아무도 그의 불 곁에 와서 앉지 않았으나 지금은 수많은 사람이 그의 데생과 유화와 편지에서 위로와 위안을 얻고 있다.

사역자인 우리에게 가장 큰 유혹은 말을 너무 많이 하려는 것이다. 말이 많으면 미지근해지고 우리 믿음이 약해진다. 반면에 침묵은 신성한 훈련이요 성령의 파수

꾼이다.

말하는 법을 가르쳐 주다

하나님나라의 신비인 침묵이 모습을 드러내는 세
번째 방식은 우리에게 말하는 법을 가르치는 것이다.
침묵에서 비롯되는 말은 능력이 있다. 침묵에서 나와서
침묵으로 돌아가는 말은 열매를 맺는다. 그런 말은 우
리에게 그 말의 출처인 침묵을 일깨우고, 다시 그 침묵
으로 우리를 데려간다. 침묵에서 기원하지 않은 말은
"소리 나는 구리와 울리는 꽹과리"(고전 13:1)처럼 나약하
고 무력하다.

이 모든 게 사실이 되려면 말의 출처인 침묵이 공허
와 부재가 아니라 충만과 임재여야 한다. 당혹감이나   79
수치심이나 죄책감으로 인한 인간의 침묵이 아니라 변
함없는 사랑이 머무는 하나님의 침묵이어야 한다.

여기서 우리는 위대한 신비를 엿볼 수 있다. 그것은 곧 하나님이 말씀하시는 방식의 신비인데, 우리도 침묵과 그분의 말씀을 통해 그 신비에 동참한다. 하나님은 영원한 침묵 속에서 말씀하셨고, 그 말씀으로 세상을 창조하시고 재창조하셨다. 태초에 그분이 말씀하시자 땅과 바다와 하늘이 생겨났고, 그분이 말씀하시자 해와 달과 별들이 생겨났다. 그분이 말씀하시자 식물과 새와 물고기와 야생동물과 가축이 생겨났고, 마침내 그분이 말씀하시자 남녀 인간이 생겨났다.

이렇게 만물을 창조한 하나님의 말씀이 때가 차매 육신이 되어, 모든 믿는 자에게 하나님의 자녀가 되는 권세를 주셨다. 이 모든 과정에서 하나님의 말씀은 그분의 침묵을 깨뜨리는 게 아니라 오히려 그 침묵의 측량 못할 부요함을 풀어낸다.

수도자들은 하나님의 침묵에 동참하고 싶어서 이집트의 사막으로 들어갔다. 어려운 사람들을 도울 때도 그들은 침묵에서 비롯된 말로 섬겼다. 창조하고 재창조하는 하나님 말씀의 능력에 동참하고 싶었기 때문이다.

침묵에서 비롯되어 침묵을 구현하는 말만이 교제
와 새 생명을 낳을 수 있다. 말로 서로를 장악하여 조종
하거나 자신을 변호하거나 상대를 공격하는 순간, 그것
은 더 이상 침묵에서 나온 말이 아니다. 하지만 고요한
침묵에서 태동한 말로 치유와 회복을 불러낸다면, 굳이
많은 말이 필요 없다. 적은 말로도 많은 것을 말할 수
있다.

이렇듯 침묵은 하나님나라의 신비다. 침묵 덕분에
우리는 지금 이 땅에서의 근심 걱정에서 헤어나 늘 순
례자로 남을 수 있다. 침묵은 우리 안에 거하시는 성령
의 불을 지켜 준다. 침묵을 통해 우리의 말도 하나님의
창조하고 재창조하는 말씀의 능력에 동참할 수 있다.

사람들이 침묵과
친해지게 도우려면

이제 우리에게 남은 질문은 이것이다. '어떻게 침묵 사역을 실천할 것인가? 어떻게 우리의 말로 하나님의 충만한 침묵을 능력 있게 대변할 것인가?' 이것은 중요한 질문이다. 말 많은 세상에 워낙 오염되어 있다 보니 우리가 침묵보다 말이 중요하다는 착각에 빠져 있기 때문이다. 그러므로 우리 사역을 통해 사람들을 하나님의 침묵 속으로 이끌려면 치열한 훈련이 필요하다. 그것이 예수님이 우리에게 맡기신 일이다.

예수님의 전체 사역의 지향점은 자신이 아니라 자

신을 보내신 아버지였다. 제자들에게 그분은 "내가 너희에게 이르는 말은 스스로 하는 것이 아니라 아버지께서 내 안에 계셔서 그의 일을 하시는 것이라"(요 14:10)라고 말씀하셨다. 예수님은 육신을 입으신 하나님의 말씀이었다. 그분이 말씀하신 목적은 자기에게 주목을 끌기 위해서가 아니라 아버지께 가는 길을 보여 주기 위해서였다.

"내가 아버지에게서 나와 세상에 왔고 다시 세상을 떠나 아버지께로 가노라"(요 16:28). "내가 너희를 위하여 거처를 예비하러 가노니 …… 나 있는 곳에 너희도 있게 하리라"(요 14:2-3). 우리도 예수의 이름으로 사역하려면 사역의 지향점이 우리 말이 아니라 하나님의 형언할 수 없는 신비여야 한다.

우리의 주된 문제 중 하나는 사회가 수다스럽다 보니 침묵이 매우 두려운 일이 되었다는 것이다. 대다수의 사람들은 침묵하면 좀이 쑤시고 불안해한다. 많은 사람이 경험하는 침묵은 풍성한 충만이 아니라 텅 빈

침묵

공허다. 그들에게 침묵은 자신을 삼키려고 아가리를 벌리고 있는 깊은 구덩이다.

예배하는 중에 사역자가 "잠시 침묵하는 시간을 가집시다"라고 말하는 순간 사람들은 안절부절못하며 '언제 끝나지?'라는 생각에만 몰두하기 일쑤다. 이런 타의의 침묵에 사람들은 대개 적의와 반감을 품는다. 많은 사역자가 예배에 침묵을 실험해 보고 금방 깨닫듯이, 침묵은 하나님보다 마귀를 더 닮아 보인다. 사역자들은 '제발 말을 계속하십시오'라는 신호를 금세 포착한다. 그러니 웬만한 사역에서 침묵을 꺼리는 것도 충분히 이해가 된다. 침묵에서 유발되는 불안을 피하기 위해서다.

하지만 모든 사역의 목적은 하나님이 두려움의 하나님이 아니라 사랑의 하나님임을 드러내기 위함이 아닌가? 또한 공허한 침묵을 충만한 침묵으로, 불안한 침묵을 평안한 침묵으로, 피곤한 침묵을 안식의 침묵으로 부드럽고 신중하게 전환할 때 그 목적을 이룰 수 있지 않은가? 그 전환된 침묵 속에서 우리는 사랑의 아버지를 진정으로 만날 수 있지 않은가?

우리 말로 사람들을 침묵과 친해지게 할 수 있다면, 그것이야말로 얼마나 능력 있는 말이겠는가! 그렇게 할 수 있는 구체적인 방법을 몇 가지 제시하고자 한다.

침묵과 설교

우리의 설교가 좋을 때는 재미있거나 감동적이거나 때로는 둘 다 이뤘을 때다. 그런 설교는 사고와 마음을 자극해서 새로운 깨달음이나 새 감정으로 이끈다. 이는 귀하고 꼭 필요한 일이다. 하지만 다른 대안도 있다. 특히 청중이 소수일 때 적합한 이 설교 방식은 성경 말씀을 조용히 반복하면서 군데군데 짤막한 설명만 덧붙이는 것이다. 그러면 그 말씀이 우리 내면에 공간을 만들어 내서, 거기서 주님의 음성을 들을 수 있다.

85

과연 성경 말씀이 우리를 하나님의 침묵 속으로 인도해야 하는 게 참이라면, 우리는 말씀을 신중하게 다루어야 한다. 재미나 감동만 찾을 게 아니라 그 말씀으로 울타리를 둘러, 그 안에서 사랑과 보호와 온유로 충만한 하나님의 임재를 경험할 수 있어야 한다.

사람들은 대부분 설교를 들을 때 시선을 설교자에게 향한다. 이는 당연한 일이다. 자신이 전하는 말씀을 경청할 것을 설교자가 요구하기 때문이다. 하지만 입으로 전해지는 말씀이 청중의 시선을 강단에서 각자의 마음으로 서서히 옮겨 놓을 수는 없을까? 그리하여 마음의 심층에 있는 침묵을 드러낼 수는 없을까? 바로 거기가 말씀이 안전하게 거할 수 있는 곳이다.

예컨대 "여호와는 나의 목자시니"라는 단순한 말씀을 조용히 자꾸 되뇌면, 그것이 동산의 울타리가 되어 그 안에서 하나님의 목양을 느낄 수 있다. 처음에는 흥미로운 은유로밖에 보이지 않겠지만 그 말씀이 점차 머리에서 마음으로 내려간다. 거기에 말씀이 만들어 내는 배경 속에서 내적 변화가 일어날 수 있다. 물론 이것은 인간의 모든 말과 생각을 초월하시는 하나님이 하시는 일이다. 이렇듯 "여호와는 나의 목자시니"라는 말씀이 침묵의 초장으로 이어지면, 거기서 우리는 그분의 사랑의 임재 안에 거할 수 있다. 설교자도 그분의 이름으로 말하는 것이다. 이런 묵상식 설교는 침묵 사역을 실천하는 한 방법이다.

침묵과 상담

흔히들 생각하는 상담이란 내담자의 말을 경청하면서 상대가 자아를 더 잘 이해하고 정서적으로 더 독립하도록 이끌어 주는 일이다. 그러나 목회자와 내담자의 관계는 함께 하나님의 침묵의 임재 속에 들어가 치유의 말씀을 기다리는 경험이 될 수도 있다.

성령 하나님의 이름은 보혜사(상담자)시다. 그분은

하나님의 뜻을 분별하려고 나아오는 사람들의 삶 속에 능동적으로 임재하신다. 그래서 인간 상담자의 주된 역할은 교인들에게 상담자이신 성령의 역사를 인식하도록 도와주고, 그 역사하심에 두려움 없이 따르도록 격려하는 일이 된다.

이런 관점에서 볼 때 목회 상담이란 두려움에 찬 교인들을 하나님의 침묵 속으로 인도하려는 노력이다. 상담자의 도움으로 그 침묵에 편안해지면, 그들은 믿음대로 성령의 치유의 임재를 서서히 경험하게 된다.

그러려면 인간 상담자가 성경 말씀에 아주 민감해야 한다. 즉 하나님의 침묵에서 기원하여 특정한 상황 속의 특정 대상에게 주어지는 말씀이 있다. 교인의 귀가 열린 순간을 포착하여 상담자가 그 성경 말씀을 들려주면, 엄청난 두려움의 장벽이 무너지면서 예상치 못했던 시야가 열릴 수 있다. 이런 말씀에는 하나님의 침묵이 수반된다. 말씀이 그분의 침묵에서 나와서 그분의 침묵으로 다시 돌아가기 때문이다.

침묵과 공동체 운영

끝으로 침묵의 중요성을 강조하고 싶은 부분은 사역자가 자신과 다른 사람의 삶을 운영하는 방식에 있어서다. 사회가 워낙 재미를 중시하고 오락에 몰두하다 보니 사역자들도 그 대열에 합류하고 싶어질 수 있다. 그래서 사람들을 늘 바쁘게 만드는 것을 자신의 주된 일로 생각할 수 있다. 자칫 젊은이와 노년층을 세상과 떼어 놓거나 또는 세상으로 떠밀어야 할 대상으로 보기 쉽다. 일반 사람들과 기관들이 더 흥미진진한 일을 내놓다 보니 사역자들도 치열한 경쟁에 빠져들 때가 많다.

하지만 우리가 할 일은 오락의 반대다. 우리 역할은 사람들을 도와 종종 숨겨져 있는 실재의 사건, 즉 하나님이 그들의 삶 속에 능동적으로 임재하시는 사건에 집중하게 하는 것이다. 따라서 교회를 운영할 때 매사에 기준이 되어야 할 물음은 '어떻게 사람들을 늘 바쁘게 만들 것인가'가 아니라 '어떻게 하면 바빠지지 않게 할 것인가'다. 너무 바쁜 사람은 침묵 속에서 말씀하시는 하나님의 음성을 들을 수 없기 때문이다.

그러므로 공동체를 지도한다는 것은 그들을 어두운 세상의 단절되고 산만한 많은 말에서 불러내 자아와 서로와 하나님을 만날 수 있는 침묵 속으로 이끈다는 뜻이다. 이런 의미에서 사역의 운영은 여백을 창출하는 일이다. 그 여백 속에서 교제가 가능해지고 공동체가 발전할 수 있다.

이처럼 설교, 상담, 공동체 운영과 관련된 침묵의 예에서 보듯이 침묵은 사역의 실제적 형태를 정하는 데 일조할 수 있다. 그러나 침묵에 너무 문자적으로 접근해서는 안 된다. 결국 마음의 침묵이 입의 침묵보다 훨씬 중요하다. 교부 푀멘은 이런 말을 남겼다. "겉으로 침묵해도 마음으로 남을 정죄하는 사람은 끊임없이 지껄이고 있는 것이다. 그러나 아침부터 저녁까지 말을

하면서도 참으로 침묵하는 사람도 있다."⁹

　침묵은 기본적으로 마음의 자질이며 이를 통해 사랑이 점점 깊어진다. 한번은 한 방문자가 어느 수도자에게 "규율을 어기시게 해서 죄송합니다"라고 말하자 그 수도자는 이렇게 답했다. "나의 규율은 찾아오는 객들에게 손 대접의 덕을 실행하여 집으로 평안히 돌아가게 하는 것이오."¹⁰

　영적 삶과 사역의 목적은 침묵이 아니라 사랑이다. 이는 사막의 교부들이 이구동성으로 하는 얘기다.

침묵

어디든 품고 다니는
휴대용 골방

　　이 정도에서 침묵에 대한 고찰을 마치려 한다. 말은
참 많지만 말이 소통의 능력을 잃어버린 세상에서 우리
는 침묵을 통해 마음과 생각을 늘 하나님나라에 둘 수
있고, 하나님나라로부터 이 땅의 세상을 향해 창조와
재창조의 말을 할 수 있다. 그래서 침묵은 사역의 실무
에도 구체적 길잡이가 된다.

　　의심의 여지없이 사막의 교부들은 묵언 자체를 매
우 중요한 실천으로 여겼다. 우리의 말은 진실하지 못
하고 얄팍하며 과잉일 때가 너무 많다. 새로운 상황에

처할 때마다 내 말보다 침묵이 상대에게 더 도움이 되지 않을까 생각해 보는 건 좋은 훈련이다. 하지만 그 점을 인정한 상태에서, 여기 사막에서 온 더 중요한 메시지가 있다.

침묵은 무엇보다도 마음의 자질이므로 사람들과 대화하는 중에도 침묵할 수 있다. 침묵은 어디를 가나 품고 다니는 휴대용 골방이다. 거기서 우리는 어려운 사람들에게 말하며, 그 말로 열매를 맺은 뒤에는 다시 침묵으로 돌아간다.

바로 이 휴대용 골방에서 우리는 하나님의 침묵 속에 푹 잠긴다. 침묵 사역과 관계된 마지막 질문은 우리의 말수가 많고 적은 여부가 아니라 그 말이 하나님의 자애로운 침묵을 불러내는지 여부다. 우리는 다 이 침묵으로 부름받았다. 말은 지금 이 땅에서의 도구이고 침묵은 하나님나라의 신비다.

93

침묵

기
도

하나님의 영광을 위함인지
내 영광을 위함인지 분별하는 것

와서
안식하라

아르세니우스가 두 번째로 "주여, 저를 구원의 길로
인도하소서"라고 기도했을 때 '침묵하라'라는 음성뿐 아
니라 '늘 기도하라'라는 음성도 들려왔다. 늘 기도하는
것, 그것이 광야 생활의 참 목적이다.

고독과 침묵은 끊임없는 기도라는 소명과 떼어 놓
을 수 없다. 고독은 주로 분주한 일과에서 벗어나는 것
이고 침묵은 시끄러운 환경에서 벗어나는 것이지만, 자
칫 둘 다 아주 자기중심적인 형태의 금욕이 될 수 있다.
본래 고독과 침묵은 기도를 위한 것이다. 사막의 교부

들이 생각한 고독은 혼자 있는 게 아니라 하나님과 단둘이 있는 것이고, 그들이 생각한 침묵은 입을 다무는 게 아니라 하나님의 음성을 듣는 것이다. 고독과 침묵은 기도를 실천하는 장이다.

'늘 기도하라'라는 말을 직역하면 '와서 안식하라'가 된다. 헬라어로 안식은 '헤시키아'이며 '헤시카즘'은 사막의 영성을 지칭하는 용어다. 그래서 끊임없이 기도하고자 고독과 침묵에 힘쓰는 남녀를 '헤시카스트'라 한다. 헤시카스트의 기도는 안식의 기도다. 하지만 이 안식은 갈등이나 고통이 부재한 상태가 아니라 일상이 아무리 고달파도 하나님 안에서 누리는 안식이다.

교부 안토니우스는 동료 수도자에게 "목숨이 다하는 순간까지 유혹에 방심하지 않는 것이 인간의 큰 도리다"라고까지 말했다. 어떤 대가를 치르더라도 구해야 할 것이 곧 헤시키아다. 아무리 육신이 근질거리고, 세상이 유혹하고, 귀신들이 떠들어 대도 우리는 그 안식을 구해야 한다. 바로 거기서 끊임없는 기도가 흘러나

오기 때문이다.

사막의 교모 테오도라가 그것을 아주 분명히 밝혔다.

> 평안히 살려고 하면 즉시 마귀가 찾아와 권태감
> 과 두려움과 악한 생각을 통해 너의 영혼을 짓누
> 름을 알아야 한다. 악한 마귀는 또한 아프고 힘없
> 고 허약한 무릎과 모든 지체를 통해 너의 몸을 공
> 격한다. 영과 육의 기력을 소진시켜 더는 병들어
> 기도할 수 없다는 생각에 너를 빠뜨린다. 그러나
> 깨어 있으면 이 모든 유혹이 사라진다.[1]

허약한 무릎이 주된 고충은 아니겠지만 우리 사역
자들에게도 기도하지 않는 구실은 얼마든지 많이 있다.
대개 아주 교묘한 구실들이다. 그러나 기도는 사막의
옛 교부들 못지않게 우리에게도 똑같이 중요하다. 그래
서 지금부터 우리 일상생활에서 기도가 차지하는 역할
을 살펴보고자 한다.

우선 제기하려는 의혹은 우리가 기도를 주로 머리의 활동으로 보는 경향이 있다는 것이다. 이어 마음의 기도로써 헤시카스트의 기도를 제시하고 싶다. 끝으로 살펴볼 것은 마음의 기도를 우리 일상적인 사역의 중심으로 삼으려면 훈련이 필요하다는 사실이다.

기도

머리의
기도

기도의 중요성을 부인할 사역자는 없다. 기도가 삶의 가장 중요한 차원이라는 점까지도 부인하지 않을 것이다. 그러나 실제로 대부분의 사역자는 기도를 거의 혹은 전혀 하지 않는다.

기도를 잊어서는 안 되고, 시간을 내서 기도해야 하며, 기도에 삶의 우선순위를 두어야 함을 알고는 있다.

그러나 이 모든 '당위'로는 활동주의라는 거대한 장애물을 뛰어넘기에 역부족이다. 또 해야 할 전화와 편지와 심방과 회의와 읽어야 할 책과 경조사가 항상 대기하고 있다. 이 모든 활동이 합해져 난공불락의 산더미를 이룬다.

기도의 개념만 적극 지지할 뿐 기도의 실행은 턱없이 부족한 이 괴리는 너무도 빤히 눈에 띈다. 그래서 교모 테오도라가 생생히 상술한 악한 마귀의 계략을 믿기가 아주 쉬워진다.

마귀의 그런 계략 중 하나는 기도를 주로 머리의 활동으로, 즉 다른 무엇보다 지적 능력이 개입되는 활동으로 생각하게 만드는 것이다. 이런 편견은 기도를 하나님과의 대화나 하나님에 대한 생각으로 축소시킨다.

많은 이에게 기도란 하나님과의 대화에 지나지 않는다. 그런데 그게 거의 일방적인 일처럼 느껴지다 보니 기도란 그냥 내 쪽에서 하나님께 하는 말이 되고 만다. 이런 개념만으로도 엄청난 좌절이 생겨난다. 우리는 문제를 아뢰면서 해답을 기대하고, 질문을 드리면서 응답을 기대하고, 인도를 구하면서 반응을 기대한다. 그런데 점점 허공에 대고 말하는 것처럼 느껴지면, 머잖아 하나님과의 대화가 사실은 독백이 아닌가 하는 생

101

각이 드는 것도 당연하다. 그러면 이런 의문이 뒤따를 수 있다. '내가 정말로 말하고 있는 대상은 하나님인가 아니면 나 자신인가?'

응답이 없으면 '내가 기도를 잘못했나?' 하는 의문이 들 때도 있다. 하지만 대개 우리는 속고 빼앗긴 기분이 들어 당장 '이 실없는 짓'을 아예 그만둔다. 인간과의 대화가 하나님과의 대화보다 훨씬 의미 있게 느껴지는 것도 충분히 이해가 된다. 인간은 말을 필요로 하며 반응을 내놓는 데 반해, 하나님은 숨바꼭질의 대가처럼 보이기 때문이다.

이와 비슷한 좌절을 낳을 수 있는 또 다른 관점이 있다. 기도의 의미를 하나님에 대한 생각으로 제한하는 관점이다. 이것을 기도라 부르든 묵상이라 부르든 크게 달라질 것은 없다.

이런 관점의 기본 확신은 우리에게 하나님과 그분의 신비에 대한 사고가 필요하다는 것이다. 이렇게 고된 정신 활동이 요구되다 보니 기도가 아주 피곤해진다. 특히 사색에 별로 능하지 못한 사람에겐 더 어려운 일이 된다. 이미 우리 머릿속에는 다급하고 현실적인 일들이 아주 많기 때문에 하나님에 대한 생각은 또 하나의 버거운 짐이 된다. 다급한 문제에 대한 생각은 저절로 되는 반면 하나님에 대한 생각은 그렇지 않기에 특히 더하다.

하나님에 대한 생각은 그분을 검토나 분석의 대상으로 전락시킨다. 따라서 기도에 성공하는 건 하나님에 대해 뭔가를 지적으로 새롭게 터득하는 것이 된다. 심리학자가 사례 연구에서 모든 가용 자료의 일관성을 찾아내 통찰을 얻으려 하듯이, 기도를 잘하는 사람도 하나님에 대해 알려진 모든 정보를 심사숙고하여 그분에 대한 이해를 높여야 한다.

하나님께 말할 때와 마찬가지로 그분에 대해 생각할 때도, 우리는 좌절을 좀처럼 견디지 못하여 어느새 기도를 아예 포기한다. 그렇게 미지의 세계를 정신적으로 방황하느니 차라리 책을 읽거나 기사를 쓰거나 설교를 작성하는 편이 훨씬 만족도가 높다.

우리 문화는 지성을 통해 세상을 정복하는 일에 큰 가치를 부여한다. 앞서 말한 기도에 대한 두 관점은 모두 그 문화의 산물이다. 무엇이든 알 수 있을 뿐 아니라 지식의 대상은 곧 통제의 대상도 될 수 있다는 게 지배적 개념이다. 하나님이라는 문제에도 해답이 있으며 우리가 열심히 머리를 쓰면 그 답을 알아낼 수 있다는 것이다. 그러므로 학위 가운이 사역자의 공식 복장이고, 강단에 서는 주요 기준 중 하나가 대학 학위인 것도 이상한 일은 아니다.

그렇다고 지성이 기도 생활에 들어설 자리가 없다거나 신학적 고찰과 기도가 상호 배타적이라는 의미는 물론 아니다. 하지만 우리는 북미 주류 교회의 주지주의를 과소평가해서는 안 된다. 교회 건물 안팎에서 드려지는 사역자들의 공적 기도를 그들의 기도 생활의 지표로 볼진대, 분명히 하나님은 온갖 세미나에 참석하시느라 바쁘실 것이다.

기도 생활이 우리의 사고력에 무리한 부담을 지우고 또 이미 짜여 있는 수많은 활동에 또 하나의 피곤한 활동을 얹어 준다면, 어떻게 그런 기도 생활에서 진정한 양분과 위로와 위안을 얻기를 바랄 수 있겠는가?

지난 10년 사이에 많은 사람이 지성의 한계에 눈떴다. 점점 더 많은 사람이 깨닫고 있듯이 우리에게 필요한 것은 재미있는 설교와 흥미로운 기도만이 아니라 그 이상이다. 사람들은 하나님을 진정으로 경험할 수 있는 방법을 알고자 한다.

불현듯 우리는 "우리에게 기도를 가르쳐 주소서"라고 말하는 사람들에게 둘러싸여 있다. 그들이 길을 가르쳐 달라는데, 문득 깨닫고 보니 우리도 이 지역을 잘 모른다. 우리의 머리는 하나님에 대한 개념으로 가득할지 모르나 우리 마음은 그분과 거리가 멀다. 이것이 우리 기도 생활의 위기다. 참된 기도는 마음에서 비롯된다. 사막 교부들이 우리에게 가르치는 것도 바로 마음의 기도다.

마음의
기도

안식으로 이끄는 헤시카즘의 기도는 곧 마음의 기도다. 이 안식은 영혼이 하나님과 함께 거할 수 있는 자리다. 우리는 워낙 사고 지향적이라서 마음으로부터 기도하는 법을 특히 배워야 한다.

사막 교부들이 우리에게 그 길을 가르쳐 줄 수 있다. 비록 그들이 기도에 대한 이론을 내놓지는 않았으나, 훗날의 정통 영성 작가들은 교부들의 구체적 이야기와 조언을 벽돌 삼아 아주 훌륭한 영성을 구축했다. 시내산과 아토스 산의 영성 작가들과 19세기 러시아의 영성

지도자들은 모두 사막의 전통에 뿌리를 두고 있다.

마음의 기도를 가장 잘 설명한 표현은 러시아의 신비한 은둔자 테오판의 말이다. "기도한다는 건 머리에서 마음으로 내려가 거기서 주님의 면전에 서는 것이다. 주님은 그대 안에 항상 임재하시며 모든 것을 보고 계신다."[2]

예로부터 이런 관점의 기도가 헤시카즘의 핵을 이루었다. 기도란 머리까지도 마음에 품은 채로 하나님의 임재 안에 서는 것이다. 즉 분열이나 단절 없이 전인적 존재로 나아가야 한다. 존재의 그 자리에 성령이 거하시며 거기서 위대한 만남이 이루어진다. 거기서 마음은 마음에 말한다. 바로 그곳에서 주님의 면전에 서기 때문이다. 그분은 우리 안에서 모든 것을 보고 계신다.

여기 '마음'이라는 단어는 온전한 성경적 의미로 쓰였음을 알아야 한다. 일반 세상에서 마음은 감상적 삶의 자리를 지칭하는 유약한 단어가 되었다. "마음이 아프다"든지 "마음 깊이 느낀다"라는 표현에서 보듯이 흔

히 우리가 생각하는 마음은 감정이 머무는 따듯한 곳
이며, 이는 사고의 자리인 냉철한 지성과 대비된다. 그
러나 유대-기독교 전통에서 마음은 모든 신체적, 정서
적, 지적, 의지적, 도덕적 에너지의 근원을 지칭하는 단
어다.

의식되는 감정과 기분과 소원은 물론이고 알 수 없
는 충동도 마음에서 생겨난다. 또한 마음에도 이성이
있어 지각과 이해의 중심부가 된다. 끝으로 마음은 의
지의 자리여서 계획을 세우고 좋은 결정을 내린다. 요
컨대 마음은 우리 인격적 삶을 하나로 통합하는 중추
기관이다. 마음이 우리의 성품을 결정짓는다. 그래서
마음은 하나님이 거하시는 자리일 뿐 아니라 사탄이 최
고의 맹공을 퍼붓는 과녁이기도 하다.

이 마음이 곧 기도의 자리다. 마음의 기도란 인격의
중심부로부터 하나님을 향하는 기도이며, 따라서 인간
의 존재 전체에 영향을 미친다.

사막의 교부인 성 마카리우스는 "수련하는 사람[즉

수도재의 주된 일은 자신의 마음속으로 들어가는 일이다"라고 했다.[3] 이는 기도를 감정으로 채워야 한다는 뜻이 아니라 수도자가 기도로 자신의 전 존재를 힘써 개조해야 한다는 뜻이다. 마음속으로 들어가면 곧 하나님 나라에 들어간다는 것이 사막의 교부들의 가장 깊은 통찰이다. 다시 말해서 하나님께 이르는 길은 마음을 통해 나 있다. 시리아 사람 이삭은 이렇게 썼다.

> 네 안에 있는 보물 창고에 힘써 들어가라. ……
> 그러면 천국의 보물 창고를 발견할 것이다. 그 둘
> 은 동일하기 때문이다. 하나에 제대로 들어가면
> 둘 다 보이게 되어 있다. 하나님나라에 오르는 사
> 다리는 네 안에, 네 영혼 안에 숨겨져 있다. 네 영
> 혼의 죄를 깨끗이 씻으면 사다리의 가로대가 보
> 일 테니 거기로 올라가면 된다.[4]

또 요한 카르파티오스는 이렇게 말했다.

기도

생각이 모든 혼란으로부터 해방된 상태에 이르려
면 기도에 큰 노력과 씨름이 필요하다. 이는 마음
속의[직역하면 '심장 안의'] 천국이며, 사도 바울이 확
언한 대로 "예수 그리스도께서 너희 안에 계신"(고
후 13:5) 곳이다.[5]

사막 교부들의 금언을 보면 기도에 대한 아주 통합
적인 견해가 제시된다. 교부들은 하나님을 우리가 다
뤄야 할 많은 문제 중 하나로 보는 지식적 기도의 차원
에서 우리를 벗어나게 한다. 교부들이 보여 주듯이 진
정한 기도란 우리 영혼의 골수로 파고들어 모든 것을
만지고 지나간다. 마음의 기도란 하나님과의 관계를
재미있는 말이나 경건한 감정으로 국한시킬 수 없는
기도다.

110 　그런 기도는 본질상 우리의 전 존재를 그리스도의
모습으로 변화시킨다. 영혼의 눈을 떠서 하나님의 진
실은 물론 자신의 진실을 보게 하기 때문이다. 마음속

에서 우리는 자신을 하나님의 자비로운 품에 안긴 죄인으로 본다. 그것을 볼 때 비로소 우리는 이렇게 부르짖는다. "살아 계신 하나님의 아들 주 예수 그리스도시여, 이 죄인을 불쌍히 여겨 주소서." 마음의 기도는 하나님께 전혀 숨기는 것 없이 자신을 무조건 그분의 자비에 내어 드리는 것이다.

이렇듯 마음의 기도는 진실하다. 이 기도는 우리 자신과 하나님에 대한 많은 망상을 들추어 내고, 우리를 죄인과 자비로운 하나님의 진실한 관계로 인도한다. 바로 이 진실이 우리에게 헤시카스트의 '안식'을 가져다준다. 이 진실이 우리 마음속에 새겨지는 정도만큼 우리는 세상적 생각으로 덜 산만해지고 일편단심으로 더 주님을 향하게 된다.

그분은 우리 마음의 주인이실 뿐 아니라 온 우주의 주인이시다. 그래서 "마음이 청결한 자는 복이 있나니 그들이 하나님을 볼 것임이요"(마 5:8)라고 하신 예수님의 말씀은 우리의 기도로 현실이 된다. 씨름과 유혹은 우리

111

기도

생이 다하는 날까지 끊이지 않겠지만, 마음이 청결하면 불안한 실존의 한복판에서도 쉼을 누릴 수 있다.

그렇다면 이제 불안하기 짝이 없는 사역 속에서 마음의 기도를 어떻게 실천할 것인가 하는 문제가 제기된다. 지금부터 이 훈련의 문제에 주목하고자 한다.

개인 훈련 없이는
할 수 없다

수도자도 아니고 사막에 살고 있지도 않은 우리가 어떻게 하면 마음의 기도를 실천할 수 있을까? 마음의 기도는 우리의 일상적 사역에 어떤 영향을 미치는가?

이런 질문에 답하려면 일정한 훈련, 즉 기도의 규율을 개발해야 한다. 마음의 기도의 세 가지 특성이 그 훈련을 개발하는 데 도움이 될 수 있다.

113

- 마음의 기도는 짤막하고 단순한 기도문을 통해 자란다.

기도

- 마음의 기도는 끊임없는 기도다.
- 마음의 기도는 모든 것을 포괄한다.

마음의 기도를 키우는 짤막한 기도문

사막의 교부들은 말을 너무 많이 하지 말라고 가르친다. 이는 다변의 문화 속에서 우리가 의미심장하게 들어야 할 말이다.

누가 교부 마카리우스에게 "어떻게 기도해야 합니까?"라고 묻자 그는 이렇게 답했다. "장황한 말을 늘어놓을 필요가 전혀 없다. 손을 내밀고 '주여, 주께서 아시오니 주의 뜻대로 불쌍히 여겨 주소서'라고 아뢰는 것으로 충분하다. 그래도 갈등이 더 거세지거든 '주여, 도와주소서'라고 아뢰라. 우리에게 무엇이 필요한지 그분이 훤히 아시고 자비를 베푸신다."[6]

요한 클리마쿠스의 말은 더 명확하다.

> 기도할 때 멋있는 말로 자신을 표현하려 하지 말
> 라. 하늘에 계신 우리 아버지는 대개 어린아이가
> 되풀이하는 단순한 문구를 가장 물리치지 못하신
> 다. 말을 많이 하려 하지 말라. 그러면 단어를 찾
> 느라고 생각이 흐트러져 예배의 마음을 잃는다.
> 세리는 한마디의 고백으로 하나님의 자비를
> 얻기에 충분했고, 선한 강도는 겸손한 믿음의 요
> 청 하나로 구원을 받기에 충분했다. 기도할 때 말
> 이 많으면 대개 공상에 빠져 머릿속이 산만해진
> 다. 반면에 단일한 문구는 본질상 사고를 집중시
> 키는 경향이 있다. 기도하다 특정한 단어에 만족
> 이나 가책을 느끼거든 일단 거기서 멈추라.[7]

115

이는 말재주에 너무 의존하며 살아가는 우리에게 매우 유익한 조언이다. 한 단어를 조용히 되풀이하면 머리에서 마음으로 내려가는 데 도움이 된다. 반복 자체에 무슨 마법이 있는 건 아니다. 반복의 목적은 하나님께 주문을 걸거나 억지로 우리 말을 들으시게 만들려는 게 아니다. 그보다 단어나 문장을 자꾸 반복하면 집중에 도움이 된다. 그래서 중심부로 옮겨 가서 내면의 침묵을 가꾸어 하나님의 음성을 들을 수 있다.

그냥 말없이 앉아 하나님의 음성을 기다리려 하면, 온갖 모순되는 생각과 상념이 끝없이 엄습해 온다. 이럴 때 "오 하나님, 오셔서 저를 도와주소서"나 "주 예수여, 저를 불쌍히 여겨 주소서" 같은 아주 간단한 문장 또는 "주님"이나 "예수님" 같은 단어를 활용하면, 많은 잡념에 휩쓸리지 않고 잡념을 그냥 떠나보내기가 한결 쉽다.

반복하기 쉬운 이런 간단한 기도문은 우리의 번잡한 내면을 서서히 비워, 하나님과 함께 거할 수 있는 조용한 공간을 만들어 낸다. 이는 마치 마음으로 내려갔다가 하나님께로 다시 올라가는 사다리와도 같다. 어떤 문구를 선택할지는 각자의 필요나 당시 상황에 따라 다르겠지만, 성경에 나오는 문구를 사용하는 게 가장 좋다.

이런 단순한 기도를 성실하게 꾸준히 실천하면, 점차 안식을 경험하면서 하나님의 능동적 임재에 우리 마음이 열린다. 나아가 이 기도를 아주 바쁜 일과 속으로 가져갈 수도 있다.

예컨대 "여호와는 나의 목자시니"라는 말씀을 가지고 새벽에 20분간 하나님의 임재 안에 앉아 있고 나면, 그 말씀이 서서히 우리 마음속에 작은 둥지를 틀고 바쁜 하루 내내 그곳에 머물 수 있다. 대화하거나 공부하거나 텃밭을 가꾸거나 공사를 하는 중에도 마음속에 기도가 계속되면서 하나님의 상존하는 인도하심을 늘 인식하게 해 준다.

117

이 훈련의 지향점은 목자 되신 하나님의 의미를 더 깊이 통찰하는 게 아니라 우리의 모든 생각과 말과 행

동 속에서 하나님의 보살핌을 내적으로 경험하는 것
이다.

끊임없는 기도

　마음의 기도의 두 번째 특성은 끊임없는 기도라는
점이다. "쉬지 말고 기도하라"라는 바울의 명령에 어떻
게 따를 것인가의 문제는 사막 교부 시대로부터 19세기
의 러시아에 이르기까지 헤시카즘의 중심을 차지했다.
　사막의 교부 시대에 메살리안파('기도하는 사람들'이라는
뜻-옮긴이)라는 경건주의 분파가 있었다. 이들은 기도에
지나치게 영적으로 접근한 나머지 수도자의 육체노동
을 비난받을 일로 여겼다. 하루는 이 분파의 수도자들
몇이 교부 루치우스를 찾아갔다.

　　루치우스가 "그대들의 육체노동은 무엇이오?"라

고 묻자 그들은 "우리는 육체노동에 손대지 않고 사도의 가르침대로 쉼 없이 기도합니다"라고 답했다. 원로가 그들에게 음식을 먹지 않느냐고 묻자 그들은 먹는다고 했다. 그러자 그는 "먹을 때는 누가 그대들을 위해 기도하오?"라고 되물었다. 또 그들에게 잠을 자지 않느냐고 묻자 그들은 잔다고 했다. 그러자 그는 "잘 때는 누가 그대들을 위해 기도하오?"라고 되물었다.

그들이 답을 못하자 원로가 말했다. "미안하오만 그대들은 말대로 행동하지 않고 있소. 내가 방법을 일러 드리리다. 나는 육체노동을 하는 동안 중단 없이 기도한다오. 갈대를 물에 적셔 새끼를 꼬면서도 하나님과 함께 앉아 '하나님이여, 저를 불쌍히 여겨 주소서. 주의 크신 선함과 무궁하신 자비를 따라 저를 죄에서 구원하소서'라고 아뢰지요." 이어 루치우스가 이게 기도가 아니냐고 묻자 그들은 기도라고 답했다.

그러자 루치우스가 말을 이었다. "그렇게 온 종일 기도하며 노동해서 돈을 열세 냥쯤 벌면 그중 두 냥은 문밖에 내놓고 나머지로는 내 식대를 치른다오. 내가 먹고 자는 동안에는 그 두 냥을 가져간 사람이 나를 위해 기도하지요. 쉬지 말고 기도하라는 가르침을 나는 하나님의 은혜로 이렇게 지키고 있소."[8]

이 이야기는 '다른 많은 일로 바쁜데 어떻게 쉬지 않고 기도할 수 있는가?'라는 물음에 아주 실제적인 답을 내놓는다. 그 답 속에는 이웃이 들어 있다. 내 자선을 통해 이웃이 기도의 동역자가 되고, 이로써 내 기도는 끊임없는 기도가 된다.

메살리안파의 문제가 없어진 19세기에는 좀 더 신비로운 반응이 나왔다. 러시아의 한 농부에 대한 유명한 이야기인 《순례자의 길》(은성 역간)에서 그것을 볼 수 있다. 이 책은 이렇게 시작된다.

"하나님의 은혜로 나는 그리스도인이 되었지만, 내 행동을 보면 중죄인이다. …… 오순절이 지나고 스물네 번째 주일날 나는 교회에 가 예배시간에 기도드렸다. 예배 때 사도 바울이 데살로니가 교인들에게 보낸 첫 번째 편지가 낭독되었는데, 내게는 특히 '쉬지 말고 기도하라'(살전 5:17)라는 말씀이 들려왔다. 어떤 구절보다도 그 구절이 내 마음에 파고들었다. 사람이란 먹고살려면 다른 일에도 신경 써야 하는데 어떻게 쉬지 않고 기도할 수 있을까 하는 생각이 들었다."[9]

농부는 이 교회 저 교회 찾아가서 설교를 들었지만 원하던 대답을 찾지 못했다. 마침내 그는 어느 거룩한 영성 지도자를 만났다. 그는 농부에게 이렇게 말했다. "내면의 쉬지 않는 기도란 인간의 심령이 끊임없이 하나님을 갈망하는 것입니다. 큰 위안이 되는 이 기도를 제대로 익히려면 쉬지 않고 기도하는 법을 가르쳐 달라고 하나님께 더 자주 기도해야 합니다. 더 기도하고 더 간절히 기도하십시오. 당신에게 쉬지 않고 기도하는 법을 가르쳐 주는 것은 바로 기도 자체입니다. 단, 시간이 걸릴 것입니다."[10]

그러면서 거룩한 영성 지도자는 농부에게 예수 기도를 가르쳐 주었다. "주 예수 그리스도시여, 저를 불쌍히 여겨 주소서." 순례자로 러시아를 돌면서 농부는 이 기도를 입으로 수도 없이 되풀이했다. 나중에는 예수 기도를 자신의 참 길동무라 생각할 정도였다. 그러던 어느 날 그는 기도가 저절로 입술에서 마음으로 옮겨 가는 것을 느꼈다. 그는 말했다. "평상시처럼 뛰는 내 심장이 매 박동마다 그 기도를 말하는 것 같았다. …… 나는 이제 입술로 그 기도를 말하는 것을 그만두었다. 그저 내 마음이 하는 말을 주의 깊게 들었다."[11]

여기서 우리는 끊임없는 기도에 도달하는 또 다른 길을 배운다. 내가 다른 사람들과 대화중이거나 육체노동에 몰두하고 있을 때라도 그 기도는 내 안에서 기도를 계속한다. 그 기도는 평생 나를 인도하시는 성령의 능동적 임재가 된다.

요컨대 자선으로, 심중에 역사하는 예수 기도를 통해 우리의 온 하루는 끊임없는 기도가 될 수 있다. 수도자 루치우스나 러시아의 순례자를 그대로 따라해야 한다는 말은 아니지만, 우리도 바쁜 사역 중에 끊임없이 기도하려 애써야 한다. 그래야 먹든지 마시든지 무엇을 하든지 다 하나님의 영광을 위해 할 수 있다(고전 10:31 참조).

하나님의 영광을 위해 사랑하고 일하는 삶은 어쩌다 한 번씩 생각하는 한낱 개념으로 끝날 수 없다. 그것은 내면의 끊임없는 영광송이 되어야 한다.

모든 것을 포괄하는 기도

마음의 기도의 세 번째 특성은 그것이 우리의 모든 관심사를 끌어안는다는 점이다. 머리에서 마음으로 내려가 거기서 하나님의 임재 안에 설 때, 우리의 모든 정신적 염려는 기도가 된다. 마음의 기도를 통해 모든 생각이 기도로 바뀌는 것이다. 바로 그것이 마음의 기도의 위력이다.

사람들에게 "기도해 드리겠습니다" 하고 말하는 것은 아주 중대한 약속이다. 그런데 현실에서 이 말은 안타깝게도 선의의 관심을 표현하는 것에 지나지 않을 때가 많다. 그러나 머리에서 마음으로 내려가는 법을 배우면, 우리 삶을 스쳐간 모든 사람이 하나님의 치유의 임재에 이끌려 들어와 우리 존재의 중심에서 그분의 만지심을 입는다. 이것은 감히 말로 표현할 수 없는 신비다. 존재의 중심인 우리 마음을 하나님이 그분의 마음으로 변화시켜 주신다.

그분의 마음은 온 우주를 품을 만큼 큰마음이다. 기도를 통해 우리는 인간의 모든 고통과 슬픔, 갈등과 고뇌, 아픔과 전쟁, 굶주림과 외로움과 불행을 자기 마음에 품을 수 있다. 심리적, 정서적 역량이 대단해서가 아니라 하나님의 마음이 우리 마음과 하나가 되었기 때문이다.

여기서 우리는 예수님이 이렇게 말씀하신 의미를 조금이나마 엿볼 수 있다. "나는 마음이 온유하고 겸손하니 나의 멍에를 메고 내게 배우라 그리하면 너희 마음이 쉼을 얻으리니 이는 내 멍에는 쉽고 내 짐은 가벼움이라"(마 11:29-30).

예수님은 우리를 불러 그분의 짐을 받아들이게 하신다. 이것은 온 세상의 짐이요 동서고금 모든 인간의 고난을 아우르는 짐이다. 하지만 하나님의 이 짐은 가볍다. 우리 마음이 주님의 온유하고 겸손한 마음으로 변화되면 우리도 그 짐을 질 수 있다.

여기서 우리는 기도와 사역의 밀접한 관계를 볼 수 있다. 문제를 지닌 모든 교인을 하나님의 온유하고 겸손한 마음속으로 이끄는 훈련은 사역의 훈련 못지않게 기도의 훈련이기도 하다. 사역의 의미가 기껏 사람들과 그들의 문제에 대해 마냥 염려하는 것이라면, 아직도 우리는 다분히 자신의 좁고 불안한 마음에 의존하고 있

125

는 것이다. 또 주체할 수 없을 정도로 많은 활동에 끝없이 매달리는 게 곧 사역이라면 말이다. 그러나 우리 염려를 하나님 마음 앞에 가져가 기도로 바꾸면, 사역과 기도는 모든 것을 포괄하는 하나님의 동일한 사랑이 두 가지로 표출된 것이 된다.

지금까지 보았듯이 마음의 기도는 짤막한 기도문을 통해 자라고, 끊임없이 지속되며, 모든 것을 포괄한다. 마음의 기도는 영적 삶과 모든 사역의 호흡이다. 사실 이 기도는 단순히 중요한 활동이 아니라 우리가 대변하고 사람들에게 소개하려는 새로운 삶의 핵심 자체다.

세 가지 특성에서 분명히 보듯이 마음의 기도는 개인적인 훈련을 요한다. 한결같은 기도 없이는 기도하는 삶이 불가능하다. 기도할 때는 우선 우리 안에서 기도하시는 성령의 음성을 더 잘 듣는 쪽으로 집중해야 한다. 또한 함께 살아가는 이들과 사역의 모든 대상을 우리 기도에 품어야 한다.

이런 훈련으로 우리는 단절되고 산만하여 종종 좌절감이 드는 사역에서 통합되고 온전해서 아주 만족도가 높은 사역으로 옮겨 갈 수 있다. 이런 기도를 훈련하면 사역이 쉬워지지는 않지만 단순해지고, 감미롭고 열렬하지는 않지만 영적이 되며, 고통과 씨름이 없어지지는 않지만 진정한 헤시카즘의 의미에서 안식을 누리게 된다.

실상을 보는
눈이 열리다

세상이 사고 지향적인 만큼 우리가 마음의 기도에 이
르려면 진지한 훈련이 필요하다. 그래야 우리 안에서 기
도하시는 성령의 인도하심을 들을 수 있다. 사역에서 기
도를 크게 강조하는 취지는 사람들의 삶에 덜 개입하거나
사회의 많은 문제를 외면하도록 부추기려는 게 아니다.

헤시카스트들이 이해한 기도로 우리는 자기 사역
활동 중 어느 부분이 정말 하나님의 영광을 위한 것이
고 어느 부분이 주로 변화되지 않은 자아의 영광을 위
한 것인지 분별할 수 있다. 마음의 기도는 우리에게 새

로운 민감성을 길러 준다. 이를 통해 우리 사역 중에서 알곡과 쭉정이를 가려낼 수 있고, 그리하여 더욱 명실상부한 증인이 되어 예수 그리스도를 전할 수 있다.

사실 마음의 기도는 청결한 마음에 이르는 길이다. 마음이 청결하면 우리 실상을 보는 눈이 뜨여 빈곤하고 뒤틀리고 불안한 자아만이 아니라 애정과 긍휼이 넘치는 하나님의 얼굴도 더 똑똑히 볼 수 있다. 그 시각이 선명하고 뚜렷하면 우리는 안식의 마음을 품고 격동의 세상의 한복판으로 들어갈 수 있다.

삶의 길을 찾아 헤매는 사람들을 매혹하는 것은 바로 그 평안한 마음이다. 하나님 안에서 안식을 얻고 나면 우리는 그분의 임재를 간절히 기다리는 사람들을 섬길 수밖에 없다. 어디를 가서 누구를 만나든 우리에게서 하나님의 안식이 겉으로 드러나기 때문이다. 우리 안에서 기도하시는 성령이 우리가 말하기도 전에 자신의 임재를 알리시며 사람들을 새로운 몸 안으로 불러 모으신다. 바로 그리스도의 몸으로.

맺는 말

사막의 영성과 현대 사역에 대한 이 탐색을 나는 다음과 같은 질문으로 시작했다. '종말로 치닫는 이 상황에서 우리는 어떻게 사역할 수 있을까?' 역사의 이 시대를 지배하는 것은 승산 없는 전쟁에 대한 점점 커지는 두려움과 날로 깊어 가는 무력감이다. 이럴 때일수록 사역의 문제는 절박하다.

이 물음에 대한 한 응답으로 나는 '세상을 벗어나서 침묵을 지키며 늘 기도하라'라는 말을 제시했다. 이는 로마의 귀족 아르세니우스가 하나님께 구원받을 수 있는 길을 여쭈었을 때 들었던 말씀이다. 고독과 침묵과 끊임없는 기도는 사막 영성의 핵심 개념이다. 내가 보기에 이것은 오늘날 우리 사역자들에게도 더없이 귀중

한 가르침이다.

　고독은 우리에게 세상의 강박증에 휩쓸리지 않고 새로운 마음, 즉 그리스도의 마음으로 행동하는 길을 보여 준다. 침묵은 말 많은 세상에서 질식당하지 않도록 우리를 지켜 주고, 하나님 말씀으로 말하는 법을 가르쳐 준다. 끝으로 끊임없는 기도는 고독과 침묵에 진정한 의미를 부여한다. 끊임없는 기도를 통해 우리는 머리에서 마음으로 내려가고, 그렇게 우리 마음의 문을 열고 하나님의 마음속으로 들어간다. 그분은 영원한 창조와 재창조의 사랑으로 모든 역사(歷史)를 품으신다.

　하지만 사막의 영성을 품으면 우리 시대의 비참한 현실에 눈을 감게 되지는 않을까? 그렇지 않다. 반대로 고독과 침묵과 기도를 통해 우리는 자멸로 치닫는 사회의 난파선에서 자신과 타인을 구원할 수 있다.

132　이렇게 거센 유혹 앞에 아무 생각 없이 넋 놓고 있다간 우리도 미친 사람들과 함께 미칠 수 있다. 어디로 가서 무엇을 하고 어떻게 처신해야 할지를 자기도 확신할

수 없으면서 입에서 나오는 대로 아무렇게나 내뱉으며 떠돌아다닐 수 있다. 유혹대로라면 우리도 종말의 온갖 고뇌와 환각에 완전히 빠져들어, 우리가 구원하려는 대상들과 함께 익사할 것이다.

예수님이 친히 우리에게 이렇게 경고하셨다.

> 너희가 사람의 미혹을 받지 않도록 주의하라 많은 사람이 내 이름으로 와서 이르되 나는 그리스도라 하여 많은 사람을 미혹하리라 난리와 난리 소문을 듣겠으나 너희는 삼가 두려워하지 말라 이런 일이 있어야 하되 아직 끝은 아니니라 민족이 민족을, 나라가 나라를 대적하여 일어나겠고 곳곳에 기근과 지진이 있으리니 …… 그때에 많은 사람이 실족하게 되어 서로 잡아 주고 서로 미워하겠으며 거짓 선지자가 많이 일어나 많은 사람을 미혹하겠으며 불법이 성하므로 많은 사람의 사랑이 식어지리라 그러나 끝까지 견디는 자

맺는 말

는 구원을 얻으리라 이 천국 복음이 모든 민족에게 증언되기 위하여 온 세상에 전파되리니 그제야 끝이 오리라(마 24:4-14).

예수님의 이 말씀은 놀랍도록 우리에게 적합하다. 우리의 큰 과제는 끝까지 견디고, 복음을 온 세상에 전파하고, 무덤에서 부활하여 승리하신 그분을 꼭 붙드는 것이다.

격동의 시대의 사나운 급류 때문에 우리 시야에서 빛을 놓치지 않기가 매우 어려워졌다. 어둠 속으로 떠내려가지 않는 것도 어렵기 그지없다. 악한 권세들과 통치자들은 우리 시대의 불안한 정치경제 상황을 통해서만 모습을 드러내는 게 아니라 우리 삶의 가장 친밀한 자리에서도 분열을 획책한다. 관계의 충실성이 혹독한 시험을 받고, 우리 내면의 소속감도 거듭 의문에 부딪친다. 우리의 분노와 탐욕은 더욱 격렬하게 힘을 과시하고, 순간의 절망적 향락에 빠지려는 욕심이 이전

어느 때보다도 거세진다.

이렇듯 위험은 엄연한 현실이다. 우리가 거짓 선지자가 되어 '보라, 그리스도가 여기 있다' 또는 '저기 있다'라고 외치지 말라는 법도 없다(마 24:23 참조). 우리가 스스로 지어낸 그럴듯한 이론으로 사람들을 속여, 그들의 사랑뿐 아니라 우리 사랑까지 식어지지 말라는 법도 없다. 강박적이고, 말이 많고, 사고 지향적인 세상이 우리를 단단히 지배하고 있다. 거기에 압살당하지 않으려면 아주 강하고 끈질긴 훈련이 필요하다.

사막 교부들이 고독과 침묵과 끊임없는 기도로 우리에게 생명의 길을 보여 준다. 이 세 가지 훈련은 우리에게 견고히 서는 법, 구원을 말하는 법, 앞날을 희망과 용기와 확신으로 맞이하는 법을 가르쳐 준다.

고독과 침묵과 기도를 통해 그리스도의 살아 있는 증인으로 다시 빚어지면 더는 자기 말이나 몸짓이 옳은지 걱정할 필요가 없다. 우리도 모르는 사이에 그리스도가 그분의 임재를 알리시기 때문이다.

맺는 말

또 하나의 사막의 이야기로 글을 맺고자 한다.

"세 명의 사제가 매년 안토니우스를 찾아갔다. 그중
둘은 자기 생각과 영혼의 구원에 대해 그와 대화하곤
했으나 세 번째 사제는 아무것도 묻지 않고 늘 침묵만
지켰다. 오랜 후에 교부 안토니우스가 그에게 '당신은
자주 나를 보러 오면서 아무것도 묻지 않는군요'라고 말
했다. 그러자 상대는 '교부님을 보는 것만으로 족합니
다'라고 답했다."[1]

이 책의 마무리로 꼭 맞는 이야기다. 우리를 보기만
해도 그것이 사람들에게 사역으로 느껴질 때쯤이면, 이
런 말들도 더 이상 필요 없어질 것이다.

주

여는 말

1. Benedicta Ward 번역, *The Sayings of the Desert Fathers* (London & Oxford: Mowbrays, 1975), p. 8.

고독

1. Thomas Merton, *The Wisdom of the Desert* (New York: New Directions Publishing Corp., 1960), p. 3. 《토머스 머튼이 길어낸 사막의 지혜》(바오로딸 역간).

2. Benedicta Ward 번역, *The Sayings of the Desert Fathers* (London & Oxford: Mowbrays, 1975), p. 61.

3. 같은 책, p. 2.

4. 같은 책, pp. 2-5.

5. 같은 책, pp. 120-21.

6. 같은 책.

7. 같은 책, p. 117.

8. 같은 책, p. 23.

9. 같은 책, pp. 24-25.

10. Merton, *Wisdom of the Desert*, p. 23. 《토머스 머튼이 길어낸 사막의 지혜》(바오로딸 역간).

11. Ward, *Sayings of the Desert Fathers*, p. 6.

침묵

1. James O. Hannay, *The Wisdom of the Desert* (London: Methuen, 1904), p. 206.

2. Benedicta Ward 번역, *The Sayings of the Desert Fathers* (London & Oxford: Mowbrays, 1975), p. 69.

3. Thomas Merton, *The Way of Chuang Tzu* (New York: New Directions, 1965), p. 154. 《장자의 도》(은행나무 역간).

4. Ward, *Sayings of the Desert Fathers*, p. 198.

5. Hannay, *Wisdom of the Desert*, p. 205.

6. Diadochus of Photiki, "On Spiritual Knowledge and Discrimination: One Hundred Texts." 출전: *The Philokalia*, 제1권, St. Nikodimos of the Holy Mountain & St. Makarios of Corinth 편찬, G.E.H. Palmer, Phillip Sherrard, Kallistos Ware 번역 편집 (London & Boston: Faber & Faber, 1979), p. 276. 《필로칼리아》(은성 역간).

7. Hannay, *Wisdom of the Desert*, pp. 205-206.

8. Vincent van Gogh, *The Complete Letters of Vincent van Gogh* (Greenwich,

Connecticut: New York Graphic Society, 1959), 제1권, p. 197.

9. Ward, *Sayings of the Desert Fathers*, p. 143.

10. Jean Bremond, *Les Pères Du Désert*, 제2권 (Paris: Libraire Victor Lecoffre, 1927), p. 371.

기도

1. Benedicta Ward 번역, *The Sayings of the Desert Fathers* (London & Oxford: Mowbrays, 1975), p. 71.

2. Timothy Ware 편집, *The Art of Prayer: An Orthodox Anthology* (London: Faber & Faber, 1966), p. 110. 《기도의 기술》(은성 역간).

3. 다음 책에 인용되어 있다. Irenée Hausherr, *The Name of Jesus*, Charles Cummings 번역 (Kalamazoo, MI: Cistercian Publications, Inc. 1978), p. 314.

4. 같은 책.

5. 다음 책에 인용되어 있다. Hausherr, *The Name of Jesus*, p. 314.

6. Ward, *Sayings of the Desert Fathers*, p. 111.

7. 다음 책에 인용되어 있다. Hausherr, *The Name of Jesus*, p. 286.

8. Ward, *Sayings of the Desert Fathers*, p. 102.

9. R. M. French 번역, *The Way of the Pilgrim* (New York: The Seabury Press, 1965), p. 1. 《순례자의 길》(은성 역간).

10. 같은 책, pp. 2-3.

11. 같은 책, pp. 19-20.

맺는 말

1. Benedicta Ward 번역, *The Sayings of the Desert Fathers* (London & Oxford: Mowbrays, 1975), p. 6.